本成果受以下基金项目资助：
* 国家自然科学基金（71173141）应对气候变化的煤炭资源低碳化利用理论与政策研究
* 教育部人文社科基金（15YJC630187）房地产市场风险的生成、测度与控制研究：基于资源型与非资源型城市的比较（2015.08－2018.12）

资源与能源现实问题研究丛书

中国区域工业能源效率时空效应

Spatial and temporal effects of regional industrial energy efficiency in China

张清华 著

经济管理出版社
ECONOMY & MANAGEMENT PUBLISHING HOUSE

图书在版编目（CIP）数据

中国区域工业能源效率时空效应/张清华著.—北京：经济管理出版社，2016.9
ISBN 978－7－5096－4586－4

Ⅰ.①中… Ⅱ.①张… Ⅲ.①地方工业—能源工业—能源效率—研究—中国 Ⅳ.①F426.2

中国版本图书馆 CIP 数据核字（2016）第 212524 号

组稿编辑：王光艳
责任编辑：许　兵
责任印制：黄章平
责任校对：超　凡

出版发行：经济管理出版社
（北京市海淀区北蜂窝 8 号中雅大厦 A 座 11 层　100038）
网　　址：www.E－mp.com.cn
电　　话：（010）51915602
印　　刷：北京九州迅驰传媒文化有限公司
经　　销：新华书店
开　　本：720mm×1000mm/16
印　　张：10.5
字　　数：131 千字
版　　次：2017 年 3 月第 1 版　2017 年 3 月第 1 次印刷
书　　号：ISBN 978－7－5096－4586－4
定　　价：58.00 元

·版权所有　翻印必究·

凡购本社图书，如有印装错误，由本社读者服务部负责调换。
联系地址：北京阜外月坛北小街 2 号
电话：（010）68022974　邮编：100836

前　言

我生在能源的故乡——山西，我生于斯，长于斯，成长于斯，我热爱这一片热土，也自然热心于能源经济与管理问题的研究，最早接触能源问题是在读硕士期间，我的硕士论文为"绿色供应链综合绩效评价研究"。本书是在我博士论文的基础上修改完善而成的，也是对能源问题的再研究。在我读博士期间，召开了具有划时代意义的十八届三中全会，三中全会《决定》关于能源领域改革的论述分为两个层面，一是在总体改革论述层面，提出"使市场在资源配置中起决定性作用"为指导思想、"积极发展混合所有制经济"来调整经济运行、"推动国有企业完善现代企业制度"作为制度保证等，涵盖了对能源领域改革的指导；二是直接对能源领域改革的意见，比如，"自然垄断行业，根据不同行业特点实行网运分开、放开竞争性业务，推进公共资源配置市场化"成为改革热点，"推进水、石油、天然气、电力、交通、电信等领域价格改革，放开竞争性环节价格"，意味着市场参与度的提高和"健全能源、水、土地节约集约使用制度"等管理方式的改革，如一缕春风，搅乱了人们传统的能源观念，也预示着新能源革命的到来。

伴随工业化与城市化的不断推进，中国的能源消费呈现出急剧攀升的态势，国际油价高企与能源供需矛盾交织使能源约束的"瓶颈"效应越发凸显，与此同时，由能源消耗带来的环境污染问题更是触目惊心。在这一背景下，能源效率的提升问题已成为中国破解能源困局的战略选择。与国际工业化强国相比，中国工业能耗比较高，其能源效率具有很大的提升空间。在国内，由于各地工业化进程所处阶段不同，能源利用水平呈现较大的差异性。深入了解、比较分析各区域能源效率水平，并挖掘影响能源效率的关键因素，对于深入推进中国能源经济转型、进而促进新常态下的经济和区域的可持续发展具有重大的理论和现实意义。

本书基于中国30个省（直辖市、自治区）1997～2012年的面板数据，运用包含非期望产出的超效率 SBM－DEA 模型对中国区域工业全要素能源效率和节能减排进行了测算和评价，并从空间上利用收敛性分析模型、空间面板数据模型研究了工业全要素能源效率区域差异的收敛性以及主要影响因素，从时间上利用方差分解、脉冲响应函数研究了影响因素对能源效率的贡献率和冲击效应。主要贡献如下：

第一，构建了基于场景理论的全要素能源效率理论框架，将二氧化碳当作非期望产出纳入该框架，并运用超效率 SBM－DEA 模型对中国区域工业全要素能源效率进行测度和节能减排分析评价。

本书对原有全要素能源效率框架进行拓展，构建了基于场景理论的全要素能源效率理论分析框架。认为全要素能源效率框架不应该只局限于考虑区域自身能源的投入和产出问题，还应该考虑到区域间各种纷繁复杂因素对本区域能源效率的影响，更应该强调其生态环保的文化价值观。因此，本书将二氧化碳当作非期望产出纳入全要素能源效率框架，并运用超效率 SBM – DEA 模型对中国区域工业全要素能源效率和节能减排潜力进行测度和比较分析。结果表明，不考虑二氧化碳排放的各省的全要素能源效率存在着过高估计的现象；东部沿海区域、东北老工业基地、中部、西部考虑二氧化碳排放的全要素能源效率依次递减；西部、中部、东部、东北老工业基地的节能潜力依次递减；西部、中部、东北老工业基地、东部的减排潜力依次递减。

第二，通过构建区域工业全要素能源效率的收敛模型，分析了中国及中国四大经济区域工业全要素能源效率的空间差异性。

通过构建中国区域工业全要素能源效率的 σ 收敛、绝对 β 收敛、条件 β 收敛、俱乐部收敛四种收敛模型，进一步分析了全国及中国东部沿海、东北老工业基地、中部、西部四大经济区域全要素能源效率的空间差异性。结果表明，从全国来看，四大经济区域的工业能源效率差异不会随时间的推移而趋于下降，其差异会持续存在；东部沿海区域内部各省份的工业能源效率趋于各自的稳态水平，它们之间的差异会持续存在，随着时间的推移有逐步缩小的态势；西部区域内部各省份的工业能源效率也趋于各自的稳态水平，其差异也会持续存在，但随着时间的推移不会缩小；中部区域内部特征相似的省份其工业能源效率会趋于共同的稳态水平，而内部特征不同的省份其稳态水平会有所差异，且这种差异会一直存在并无法缩小。东北老工业基地内部各省份的工业能源效率有逐步缩小的态势，但最终还是趋于各自的稳态水平。

第三，构建了中国区域工业全要素能源效率影响因素体系，通过包含地区固定效应的区域工业能源效率空间滞后面板数据模型，分析了影响因素与能源效率的关系。

在国内现有的研究基础上,增加了产业结构调整、城市化率、贸易进口额、贸易出口额四个指标,构建了中国区域工业全要素能源效率影响因素体系,利用30个省的面板数据建立了包含地区固定效应的区域工业能源效率空间滞后面板数据模型,从空间上分析了影响因素与能源效率的关系。结果表明,区域工业能源效率存在显著的空间正相关关系,中国对于不同地区经济发展政策的倾斜性导致了中国区域工业能源效率基准水平在地理空间上呈现东高西低的态势,能源价格、产业结构、外商直接投资、贸易出口额对能源效率具有负向影响,产业结构调整、人均GDP、贸易进口额对能源效率具有正向影响,城市化率、能源消费结构、技术进步对能源效率的影响不显著。

第四,通过构建影响因素与工业全要素能源效率的面板VAR模型,分析了影响因素对工业全要素能源效率的贡献率和冲击效应。

本书构建了10个影响因素与能源效率的面板VAR模型,运用方差分解法和脉冲响应函数,进一步从时间上分析了影响因素对区域工业全要素能源效率变动的贡献率以及影响因素变动对区域工业全要素能源效率的冲击效应。结果表明,产业结构调整、能源价格、人均工业产值、技术进步、产业结构、贸易进口额、贸易出口额、城市化率、能源消费结构、外商直接投资对区域工业全要素能源效率变动的贡献率依次递减;能源价格对工业全要素能源效率产生先正后负的冲击效应,能源消费结构对工业全要素能源效率产生先负后正的冲击效应,人均工业产值对工业全要素能源效率产生正负反复震荡的冲击效应,外商直接投资、城市化率、产业结构、技术进步、产业结构调整、贸易进口额、贸易出口额对工业全要素能源效率始终产生负向冲击效应。

本书构建了基于场景理论的全要素能源效率理论框架,从自然属性的能源效率问题上升到意识形态的宏观意义的能源效率问题。运用超效率 SBM – DEA 模型、收敛性分析、空间面板数据模型、脉冲效应函数等方法，通过对中国 30 个省的实证研究分析了中国区域工业全要素能源效率的时空效应，使现有的能源效率问题研究更具系统性和完善性。研究成果对政府制定提高能源效率的政策提供了可供借鉴的理论与方法支持。

本书的写作得到了众多老师和朋友的热情关心和帮助，在此表示真挚的感谢。首先诚挚地感谢我的博士研究生导师郭淑芬教授，我的博士论文自始至终都是在老师的悉心指导下进行的，每每与老师交流都能够顿悟，豁然开朗，柳暗花明；我要以最诚挚的心意感谢技术经济及管理专业的导师组组长、著名学者张所地教授，感谢他的教导，为我在科学研究工作中树立了对学问永远不满意的理念，为我指明了科学研究的明灯；感谢管理科学的研究团队，在我博士论文的写作期间为我提供了强大的技术支持和精神支柱，他们是苗敬毅教授、严建渊教授、王拉娣教授、赵华平博士、胡琳娜博士、任晓松博士等；感谢管理科学与工程学院的老师们，他们是原山西财经大学副校长赵国浩教授、管理科学与工程学院原院长孙国强教授、副院长冯珍教授、阎俊爱博士、闫绪娴博士、吉迎东博士等，办公室的毛洪斌和郝志鹏老师等。特别感谢陕西建筑科技大学校长刘晓君教授，作为答辩组组长，她系统地审阅了我的博士论文，在给予很高评价的同时也提出了很多精辟的建议，这对提高本书的质量起了很大作用。在我毕业之后，她荣升校长一职，她不仅是一位好老师，也是一名优秀的高校管理者。

我要感谢山西财经大学副校长杨俊青教授带领下的全体科研工作队伍，以及山西财经大学学科办的支持，本书的出版得到"山西省重点学科建设经费资助",同时,科研处、学科办以及财务处的工作人员也为我做了许多服务性工作,感谢他们。

在此,我要郑重地感谢我的硕士研究生导师,现任职于山西财经大学华商学院的院长黄志建教授,是他第一次把我领进技术经济及管理这一新兴学科,他不但具有丰富的理论知识,而且具备了更多的实践经验,他把全部的知识和经验无私地传授给了我,同时在我读博期间,他又给我提供了一个管理平台,让我从事管理的实践工作,让我去体会和领略管理的真谛,从中去追寻经济学的内在规律性,在论文的写作过程中帮我理清思路,寻找突破,耐心地、不厌其烦地和我探讨研究课题。在我的心目中他更像是我的人生导师,教给我如何做人做事,对社会有了更多的认知,使我日趋成熟,我永远感激他。

最后,谨以此书献给我挚爱的双亲和我的家人,他们在背后默默无闻支持是我前进的动力,为了能够潜心研究,他们不让任何人打扰我,曾经两年没有和他们一起过春节,每每想起年过六旬的双亲,心中甚感愧疚,在此,祝愿他们身体健康,心情愉快!

在此也感谢经济管理出版社的王光艳编辑以及她的同事们,她们认真敬业的工作态度,令我肃然起敬。感谢她们的辛勤工作,本书才得以顺利出版。但是由于作者水平有限,书中不足之处在所难免,望读者不吝赐教。随着我国社会经济发展与能源技术进步,人们对各类能源问题的考察视野已从分析拓广到了综合,而能源管理方法的科学化、现代化对促进社会发展和技术进步也有着积极的意义。

张清华
写于山西财经大学
2016 年 10 月 20 日

目　　录

第1章　绪论 ……………………………………………………… 1

  1.1　研究背景 ………………………………………………… 1

    1.1.1　推进能源领域的"四个革命"要求中国提高
能源利用效率 ……………………………………… 2

    1.1.2　中国能源转型战略促进能源效率的提高 ……… 2

    1.1.3　环境污染压力倒逼能源效率的提高 …………… 3

  1.2　研究意义 ………………………………………………… 6

  1.3　国内外研究现状 ………………………………………… 7

    1.3.1　能源效率的定义和测算 ………………………… 8

    1.3.2　能源效率的影响因素 …………………………… 15

  1.4　本书研究内容 …………………………………………… 19

  1.5　技术路线和研究方法 …………………………………… 21

    1.5.1　技术路线 ………………………………………… 21

    1.5.2　研究方法 ………………………………………… 21

  1.6　本书创新点 ……………………………………………… 23

第2章 中国区域工业能源效率的相关理论基础 ······ 25

2.1 相关理论基础 ······ 25
2.1.1 经济增长理论 ······ 25
2.1.2 全要素生产率理论 ······ 31
2.1.3 经济收敛理论 ······ 32
2.1.4 环境经济学理论 ······ 33
2.1.5 空间经济学理论 ······ 34

2.2 基于场景理论的全要素能源效率理论分析框架 ······ 37
2.2.1 场景理论的基本思想 ······ 37
2.2.2 中国工业全要素能源效率场景理论的构建 ······ 39
2.2.3 中国工业全要素能源效率场景理论的学术价值 ······ 41

2.3 本章小结 ······ 42

第3章 中国区域工业全要素能源效率的测度与评价 ······ 43

3.1 能源效率测度模型 ······ 44
3.1.1 环境技术集 ······ 44
3.1.2 SBM-DEA 模型 ······ 46

3.2 中国区域工业全要素能源效率的测度 ······ 50
3.2.1 投入产出指标说明及数据处理 ······ 50
3.2.2 区域工业全要素能源效率的测度结果 ······ 53

3.3 中国区域工业全要素能源效率的评价 ······ 60
3.3.1 两种测度结果的对比分析 ······ 60
3.3.2 两种测度结果的聚类分析 ······ 62

3.4 中国区域工业节能减排潜力分析 ·············· 64
    3.4.1 节能减排模型 ·············· 64
    3.4.2 区域工业节能潜力评价 ·············· 65
    3.4.3 区域工业减排潜力评价 ·············· 69

3.5 本章小结 ·············· 72

第4章 中国工业全要素能源效率空间差异收敛性分析 ·············· 75

4.1 收敛性分析方法 ·············· 76
    4.1.1 σ 收敛 ·············· 76
    4.1.2 绝对 β 收敛 ·············· 76
    4.1.3 条件 β 收敛 ·············· 77
    4.1.4 俱乐部收敛 ·············· 78

4.2 工业能源效率收敛模型构建 ·············· 78
    4.2.1 中国区域工业全要素能源效率 σ 收敛模型 ····· 79
    4.2.2 中国区域工业全要素能源效率绝对 β 收敛模型 ·············· 79
    4.2.3 中国区域工业全要素能源效率条件 β 收敛模型 ·············· 80
    4.2.4 中国区域工业全要素能源效率俱乐部收敛模型 ·············· 81

4.3 区域差异收敛性分析 ·············· 81
    4.3.1 工业全要素能源效率的 σ 收敛分析 ·············· 82
    4.3.2 工业全要素能源效率的绝对 β 收敛分析 ········ 84
    4.3.3 工业全要素能源效率的条件 β 收敛分析 ········ 85
    4.3.4 工业全要素能源效率的俱乐部收敛分析 ·············· 86

4.4 本章小结 …………………………………………………… 86

第5章 中国区域工业全要素能源效率空间效应分析 …………… 89

5.1 中国区域工业全要素能源效率影响因素体系的构建 … 90

 5.1.1 区域工业全要素能源效率影响因素指标的选择 …………………………………………………… 90

 5.1.2 影响因素指标的数据来源与说明 ……………… 94

5.2 中国区域工业全要素能源效率影响因素空间计量模型的建立 ………………………………………………… 95

 5.2.1 区域工业全要素能源效率的空间相关性检验 …………………………………………………… 95

 5.2.2 空间计量模型的选择 …………………………… 99

5.3 中国区域工业全要素能源效率的空间差异及影响因素分析 ……………………………………………………… 102

 5.3.1 区域工业能源效率存在着显著的空间正相关关系 ……………………………………………… 103

 5.3.2 中国区域工业能源效率基准水平在地理空间上呈现"东高西低"态势 ……………………… 103

 5.3.3 能源价格、产业结构、外商直接投资、贸易出口额对能源效率具有显著的负影响 …… 105

 5.3.4 产业结构调整、人均GDP、贸易进口额对能源效率具有显著的正影响 ……………………… 106

 5.3.5 城市化率、能源消费结构、技术进步对能源效率的影响不显著 ……………………………… 107

5.4 本章小结 ………………………………………………… 108

第6章 中国区域工业全要素能源效率时间效应分析 ………… 109

6.1 中国区域工业全要素能源效率面板 VAR 模型构建 ……… 109
6.2 区域工业全要素能源效率变动的因素贡献率分析 …… 110
6.2.1 能源价格对区域工业全要素能源效率冲击效应贡献率分析 ………………………… 112
6.2.2 产业结构对区域工业全要素能源效率冲击效应贡献率分析 ………………………… 112
6.2.3 能源消费结构对区域工业全要素能源效率冲击效应贡献率分析 ………………………… 113
6.2.4 人均工业产值对区域工业全要素能源效率冲击效应贡献率分析 ………………………… 113
6.2.5 产业结构调整对区域工业全要素能源效率冲击效应贡献率分析 ………………………… 114
6.2.6 外商直接投资对区域工业全要素能源效率冲击效应贡献率分析 ………………………… 114
6.2.7 城市化率对区域工业全要素能源效率冲击效应贡献率分析 ………………………… 114
6.2.8 技术进步对区域工业全要素能源效率冲击效应贡献率分析 ………………………… 115
6.2.9 贸易进口额对区域工业全要素能源效率冲击效应贡献率分析 ………………………… 115
6.2.10 贸易出口额对区域工业全要素能源效率冲击效应贡献率分析 ………………………… 116

6.3 影响因素变动对区域工业全要素能源效率的冲击
　　　效应分析 ………………………………………… 116

6.4 本章小结 ………………………………………………… 127

第7章 结论与展望 ……………………………………… 129

7.1 主要结论 ………………………………………………… 129

7.1.1 构建了基于场景理论的全要素能源效率
　　　理论框架 ………………………………………… 129

7.1.2 基于超效率 SBM-DEA 模型的中国工业全要素
　　　能源效率评价 …………………………………… 130

7.1.3 基于收敛分析模型的工业全要素能源效率
　　　区域差异分析 …………………………………… 131

7.1.4 基于空间面板数据模型的工业全要素能源
　　　效率影响因素分析 ……………………………… 131

7.1.5 运用面板 VAR 模型分析影响因素变动对区域
　　　工业能源效率的冲击效应 ……………………… 132

7.2 政策和建议 ……………………………………………… 133

7.2.1 深化能源市场改革,合理构建公平的能源
　　　价格体系 ………………………………………… 133

7.2.2 不断加强区域之间的合作交流,适度采取
　　　因地制宜政策 …………………………………… 134

7.2.3 深入加强技术研发与专利申报,加快专利
　　　成果转化应用 …………………………………… 135

7.2.4 加快实现产业结构的转移升级,减少资源
　　　环境压力 ………………………………………… 135

     7.2.5 大力引进外资和先进的技术，提高企业
           准入门槛 ………………………………… 136
     7.2.6 实施区域差异化的能源效率政策，坚持
           "先易后难"的原则 ……………………… 136
     7.2.7 有效布局财政的区域分布，实现要素的
           自由流动 ………………………………… 137
     7.2.8 调整能源消费结构，实施清洁能源发展战略和
           可再生能源替代战略 …………………… 137
  7.3 展望 ………………………………………………… 138

参考文献 …………………………………………………… 141

第 1 章

绪 论

1.1 研究背景

能源和环境是人类生存和发展的基础,自工业革命以来,能源的大规模开发利用创造了辉煌的物质文明,同时也带来了世界性的环境问题。目前,中国环境承载能力已接近极限,经济社会发展正经受着能源供给不足、能源效率低下和生态环境恶化等问题的严重困扰,粗放发展方式下的能源环境已无法保证发展的可持续性。能源效率问题已经是绕不开必须解决的迫切问题。

从中国的宏观政策形势来看,通过调整能源战略,促使提高能源转化效率问题,主要集中在以下几个方面:

1.1.1 推进能源领域的"四个革命"要求中国提高能源利用效率

2014年6月13日,国家主席习近平在中央财经领导小组第六次工作会议上提出,推进中国能源领域的"四个革命",即能源消费革命、供给革命、技术革命和体制革命,这是对中国今后一段时期能源改革发展的总体指导,客观上要求中国提高能源利用效率,从而加快实现能源经济的转型。根据推动能源消费革命的要求,中国不仅要严格控制能源消费总量,还需要转变大众的消费观念,调整产业结构,将能源利用方式由粗放型向集约型转变,合理有效地提高能源利用效率。根据推动能源供给革命的要求,中国要立足国内能源结构的现状,不断提高煤炭利用效率。要降低能源需求压力、减少能源供给制约,同时,缓解能源生产与消费所带来的环境污染问题。

1.1.2 中国能源转型战略促进能源效率的提高

中国能源资源禀赋最显著的特征是富煤、多油、少气,人均占有量分别占到世界平均水平的55%、11%和4%,长期以来,中国能源对外依存度不断提高,据测算2014年中国煤炭、石油、天然气总体对外依存度超过10%,其中石油对外依存度近60%,天然气超过30%,随着世界政治、经济格局的巨大调整,能源供求关系发生了翻天覆地的变化,中国的能源安全面临严峻的挑战。随着中国在可再生能源、非常规油气和深海油气资源方面的开发潜力逐渐增加,在能源科技方面不断突破的创新,为了保证国家能源安全,国务院出台的《能源发展战略行动计划(2014~2020年)》提出了"节约优先、立足国内、绿色低碳、创新驱动"四大关于能源方面的转型战略规划,其目的是致力于构建清洁、高效、安全、可持续的现代能源体系。根据转型战略及其目标要求,中国只有在国家经济社会发展和能源开发使用的整个过程中,贯彻落实节约优先的思想,才能实现以最低的能源投入实现生产的最大化,实现经济发展的集约化。我们的目标是要在2020年做到,煤炭消费总量控制在42亿吨左右,能源自给能力保持在大约85%以上;非化石能源占一次能源消费比重至少达到15%,天然气比重至少达到10%,煤炭消费比重控制在大约62%以内。

1.1.3 环境污染压力倒逼能源效率的提高

大气环境保护问题至关重要,它不仅关系到人民大众的健康问题,也关系到国家经济的可持续发展、小康社会的全面实现和中国梦的实现问题。但是,当前的大气环境形势不容乐观。根据联合国有关报告,大约2/3的温室气体排放来自人类使用的煤炭、石油等化石能源。受资源禀赋和生产方式等因素影响,煤炭在中国一次能源消费比重过高,2014年占比达64.2%,是世界平均水平的2.5倍。带来的直接后果是燃煤污染成为大气污染的重要来源,中国70%以上的二氧化硫排放和50%以上的烟尘与燃烧煤炭有关,2014年全国平均雾霾天数达到29.9天。同时,随着中国工业化进程的持续加快,增加了对大气污染的防治难度。2013年9月,国务院颁布的《大气污染防治行动计划》把治理京津冀、长三角、珠三角三大区域作为治理的重点，京津冀作为重中之重，要求到2017年三大区域细颗粒物浓度分别下降25%、20%、15%左右。与此同时，全国31个省均将"大气污染治理"写入2015年政府工作报告，中国已经进入全民参与"治霾"的时代。

从国际国内能源市场形势来看，提升中国能源效率势在必行，主要基于以下两方面原因：

第一，国际能源市场供求结构分析。随着全球经济的复苏与发展，能源供需关系总体上趋于平衡，而国际油气供应开始从"卖方"市场转变，价格下行的压力逐步扩大。新兴经济体在国际能源市场上的地位将会愈加突出。

能源消费结构没有明显变化。尽管非常规油气（页岩气、页岩油及海上石油）的产量持续攀升，但在短期内，化石能源依旧是能源消费的主体，虽然石油在全球能源消费比重连续下降了14年，但是石油的消费量却增长了四个百分点。煤炭是增长最快的化石燃料，近年来煤炭市场已经形成供过于求的形势，而在能源消费结构中，天然气的比重将会一年比一年高，预计到2035年化石能源占一次能源的消费比重从2015年的86.7%下降至81%。

油气供应相对来说比较充足。随着油气勘探开发技术的进步、非传统能源产量和能效的提高，全球能源形势得到相应的改善。据英国石油公司（BP）资料显示，2013年全球石油产量增长了0.6%，煤炭产量增长了0.8%，这两种能源产量增长均在1%以下，而天然气产量增长了1.1%。总体来看，回采率较为平稳且有上升迹象，油气的供应可以满足消费者需求，从而使人们可以减少对传统化石能源枯竭的一些担忧。中东地区在全球能源供应中处于极其重要的地位，对全球能源价格有着至关重要的影响。北美地区以美国为主，其先进的科学技术水平使页岩气技术得到突破，使非常规能源得到了极大的发展，油气生产量与出口量不断增加，促使北美成为世界第二大能源产区。俄罗斯和中亚地区不仅是能源的供应地区，而且还是世界上最大的能源富余地区，其中俄罗斯在2013年，天然气产量增产125亿立方米，与其他国家和地区相比，增产最大。

能源消费重心加快"东移"。据相关研究统计，2012年全球的一次能源消费年增长率为1.8%，到2013年增长率达到2.3%，经合组织成员国的能源消费增长率仅为1.2%，其中美国能源消费增长率为2.9%，欧盟和日本出现了轻微的回落，分别出现了-0.3%和-0.6%的负增长，而西班牙的能源消费增长率大幅下降，为-5%；相比于由"金砖国家"和"新钻"国家组成的新兴经济体，一次能源消费增长为3.1%。其中，中国和印度又是非经合组织国家的代表，石油消费量占全世界的一半；亚太地区吸纳了世界天然气出口的73.2%，水电增量也占到了世界水电增量的78%。

第二，新常态下中国能源需求分析。中国过去30多年10%的高速增长时代基本结束，不平衡、不协调、不可持续的传统粗放式的经济增长模式基本告别，中国经济正从高速增长的阶段转向速度适宜、结构优化、社会和谐的中高速增长阶段。"新常态"下国内能源市场形势集中体现如下：随着中国工业化、城镇化的快速发展，能源需求总量将会进一步增加，风电、核电等新能源以及页岩气、煤层气等非传统化石能源发展后劲将会进一步加强，但以煤炭为主的能源消费结构短期内将难以改变。

随着高铁、公路、大型基础设施的快速发展，中国工业化正处于一个较高的发展期，但城镇化对工业化的基础和支撑作用尚未充分发挥。2014年中国城镇化率为54.77%，与发达国家相比还存在一定的发展空间,能源需求总量仍有较大增长空间。面对"新常态"下的新要求,风电、核电等新能源以及页岩气、煤层气等非传统化石能源发展潜力十足,但是这些能源大规模开发利用或多或少都存在一些问题,短期内,煤炭、石油、天然气仍将是中国能源消费的主力,随着能源消费总量的继续增长,作为最主要的能源,煤炭消费总量仍会上升。受中国资源约束、环境约束压力的增加,今后煤炭将不仅仅作为能源被利用,要逐步向化工原材料的方向转变。

1.2 研究意义

本书以中国区域工业能源效率为研究对象,构建了基于场景理论的全要素能源效率理论分析框架,重点强调该理论框架的文化价值观,并将二氧化碳排放纳入该理论框架。在框架的统领下,利用包含非期望产出的能源效率测度方法给出了中国区域工业全要素能源效率的测度结果,并从空间上分析了中国区域工业全要素能源效率的空间分布、区域收敛性以及影响因素差异性,从时间上分析中国区域工业全要素能源效率影响因素在外界冲击下的脉冲响应。本书对中国工业能源效率问题的时空效应探讨,以及构建的区域工业全要素能源效率收敛性分析模型、全要素能源效率影响因素空间面板数据模型、全要素能源效率面板 VAR 模型,进一步丰富了现有的能源效率的研究视角和分析方法;提出的中国区域工业全要素能源效率场景理论、构建的影响因素体系,是对现有能源效率分析理论的补充和完善。

从现实意义上来说,自改革开放以来,中国经济飞速发展的同时,始终伴随着能源过度消耗以及由此带来的环境和生态压力,能源对经济的制约和环境的影响越来越明显,已经引起中国政府和民众的日益关注。进一步提高能源效率,实现集约型、节能型经济是中国发展的当务之急。因此,本书的研究结论可以为提高能源效率、提高环境可持续发展能力、减缓气候变化灾害性等问题提供决策参考,为政府制定提高能源效率的政策提供借鉴。

1.3 国内外研究现状

近年来,国内外学者关于工业能源效率的研究主要集中在两个方面:一方面是对能源效率的测度研究;另一方面是对工业能源效率影响因素分析。

对于能源效率的测度研究主要有两种视角:一是没有考虑其他投入要素单要素视角;二是基于"多投入—多产出"的全要素能源效率视角。早期研究大多采用偏要素效率框架,即用能源强度或能源生产率比例等指标来衡量,考察的是能源作为单一的一种投入要素与GDP产出的关系,而忽略其他投入要素影响。因此,单要素能源效率在全要素能源效率框架提出后逐渐被取代。对于工业能源效率影响因素的研究主要涉及能源价格、产业结构、能源消费结构、对外开放、城市化率等宏观变量对能源效率的影响分析。

结合本书的研究内容,下面从能源效率的定义和测算、能源效率的影响因素分析两个部分进行文献综述。

1.3.1 能源效率的定义和测算

国际能源署（IEA，1997）和世界能源理事会（WEC，2006）将能源效率定义为能源产出量与能源使用量的比值。Patterson（1996）认为，能源效率指标主要包含四大类：①热力学指标；②物理热力学指标；③经济热力学指标；④经济性指标。魏一鸣和廖华等（2010）从以下几个方面对能源效率进行测度：能源宏观效率、能源经济效率、能源价值效率、能源物理效率、能源实物效率、能源要素配置效率及其能源要素利用效率，并详细介绍了各指标的测度原理、方法以及它们所适用的范围。

目前，关于区域能源效率水平的测度，主要有单要素能源效率和全要素能源效率两种。其中，单要素能源效率只将能源作为唯一的投入要素，常用能源强度值来衡量；而全要素能源效率是多种投入要素的共同作用的结果。

（1）单要素能源效率研究综述

由于比较简单易行，国内外很多学者应用单要素能源效率指标研究能源效率问题方面的研究。Kambara（1992）、Huang（1993）、Sinton 和 Levine（1994）、Lin（1995）、Garbaccio（1999）、Zhang（2003）等针对中国能源效率，利用单要素能源效率对其不同时段的变化情况进行了深入的分析研究。韩智勇、魏一鸣和范英（2004）针对 1998～2000 年中国工业能源消耗，深入分析并研究了能源强度的变动情形；吴巧生和成金华（2006）、齐志新和陈文颖（2007）针对能源效率影响因素进行了一系列研究；沈能（2010）针对政府干预、产业结构、产权结构、能源消费，将能源效率和它们的结构关系进行了研究。以上学者的都是基于单要素能源效率进行的研究。

国内外学者对能源效率问题进一步深入研究，他们逐个针对单要素能源效率的相关指标提出了各种异议，认为：单要素指标不能够体现基础技术在能源效率中的作用（Wilson，1994），也不能够表现技术和能效在国民经济体各个不同行业间的差别（Jenne，Cattell，1983）；此外，单要素能源效率只是衡量能源要素同经济产出的比例关系（Ghali et al.，2004），但忽略了能源与其他生产要素（资本、原材料以及劳动等）的替代性，因此，效率值可能不是有效估计（魏一鸣、廖华等，2010）；Proskuryakova（2015）认为在一定程度上能源强度也许能够表明能源的消费情况，但不能表征能源效率情况。但由于其操作简单，一定程度上单要素能源效率能够比较直观地表达能源投入与经济产出的关系，因此仍旧被广泛地应用。

（2）全要素能源效率研究综述

全要素能源效率源自微观经济学中全要素生产率理论，即社会生产的各种投入要素可以达到一定程度上的相互替代。目前的能源效率分析方法有两大主流，一种是非参数的数据包络分析方法（DEA），另一种是参数化的随机前沿分析方法（SFA），这两大主流方法的基本思想是相同的。首先，两种方法都是在估计一个有效的效率前沿面；其次，效率值的计算都是在衡量实际投入（产出）与前沿面的最佳投入（产出）之间的相对距离。其两种方法的选择主要取决于所研究的具体问题。

1）DEA方法是一种基于非参数的数学规划的分析方法，模型本身对不同投入或产出的数量以及量纲没有约束，DEA模型可以免除模型构建假设错误中出现的缺陷。全要素能源效率的普遍应用与发展源于DEA方法的提出和应用。在能源效率的测度问题上，DEA方法得到了广泛的应用并得到了不断的完善。DEA 方法是由 Charnes、Cooper、Rhodes（1978）提出的，这是一个测度多投入多产出的决策单元相对有效性的方法，后来又发展出了基于规模报酬不变的 DEA 模型（CCR 模型）；Banker 和 Charnes（1984）又进一步将 CCR 模型扩展为基于规模报酬可变的 BCC 模型，从而使该评价方法更加符合客观现实，并被广泛地应用到各种效率评价研究中。起初，DEA 方法主要运用于劳动生产率的分解中，Freeman（1997）、Boyd 和 Pang（2000）较早地通过 DEA 方法测度能源效率问题，Fare（2004）通过 DEA 方法构建了环境污染测算模型，并提出了环境污染影子价格。在国内，由魏权龄（1986）最早引进并推广应用了 DEA 方法。

　　Hu、Wang（2006）首次提出全要素能源效率这一概念，将资本、劳动力作为投入要素，突出强调了投入与经济产出之间的关系，并通过传统 DEA 模型对中国 1995～2002 年 29 个省份的能源效率进行了测评。屈小娥（2009）等将资本、劳动力和能源确定为投入要素，将 GDP 作为产出，利用传统径向的、角度的 DEA 模型测度全要素能源效率。随后出现了大量应用 DEA 方法对全要素能源效率的研究。

　　一些学者采用 DEA 方法对工业行业或部门的能源效率和节能潜力进行了分析。Azadeh 等（2007）将 DEA 和主成分分析二者相结合，研究了 OECD 国家能源密集型工业行业的能源效率，研究表明化石能源与电力能源相比，前者的节能潜力更大。李世祥（2010）通过对工业化的研究分析，并对中国工业部门的能源效率进行了实证测算。Shi 等（2010）将研究数据生成省级面板数据，测算了中国工业的能源效率，结果表明，对能源的过度依赖使工业发展造成能源使用的极大浪费。Hernàndez – Sancho 等（2011）对西班牙污水处理行业的能源效率进行了研究分析,其结果显示该行业的能源效率仅有10%,究其原因是因为企业规模和有机物吸收能力严重制约了能源效率的提升。Olanrewaju 等(2012)利用指数分解法、人工神经网络和 DEA 三者相结合的方法,研究分析了加拿大15个工业行业的能源效率,并对今后的能源效率进行了预测。Sueyoshi 等(2012)研究了日本火电厂的能源利用效率并做了效率得分排名,从中可以发现火电厂在2005~2009年的能源效率几乎没有变化。Khoshnevisan 等(2013)通过对伊朗黄瓜生产业的 DEA 模型分析,发现该产业能源使用效率较低和二氧化碳减排潜力较大。Chang 等(2013)以环境效率为出发点,研究了中国交通运输业的现状,从中发现大部分省份的能源效率都在50%以下,而二氧化碳减排潜力在160万~3300万吨。王玲、陈仲常和马大来(2013)创新性地引入了"技术不会遗忘"假定,并通过运用序列 DEA 方法,以节能减排为约束条件,测算并分解了中国制造业28个行业全要素能源生产率。Chen、Golley(2014)通过运用方向距离函数和 Malmquist – Luenberger 生产率指数,对中国1980~2010年38个工业部门的绿色全要素生产率进行了测算。Bi、Song、Zhou 等(2014)将环境规制因素作为能源效率的影响因素,并通过 SBM – DEA 模型测算了中国火电行业全要素能源效率。

以下学者是采用 DEA 方法对区域能源效率及其能源可节约率进行了测度和评价。魏楚、沈满洪(2007)通过对能源生产率和能源效率的区分,在全要素能源效率的基础上,运用 DEA 方法计算了地区能源效率,其结果显示能源效率在区域上存在一定的趋同性。Hu、Kao(2007)基于全要素能源效率进而提出了计算能源节约率的方法,并通过 DEA 方法测算了 APEC 国家1991~2000年的能源可节约率。师博、沈坤荣（2008）将知识存量纳入投入变量中，运用超效率 DEA 模型对中国省际全要素能源效率进行了测度。武春友、吴琦（2009）基于全要素能源效率框架运用超效率 DEA 模型对中国 30 个区域进行实证研究。屈小娥（2009）通过 DEA – Malmquist 生产率指数，对中国 1990～2006 年 30 个省全要素能源效率及其相应的技术效率指数、技术进步进行了测算。马海良、黄德春、姚惠泽（2011）将知识存量纳入生产函数，使用 1995～2008 年三大经济区域的面板数据，选取超效率 DEA 模型和 Malmquist 指数法，测算出三大经济区域的全要素生产率和能源效率。李兰冰（2012）应用 DEA 四阶段模型，将全要素能源效率（TFEE）解构为全要素能源管理效率（TFEME）和全要素能源环境效率（TFEEE），对 2005～2009 年中国省级区域的能源效率现状、成因与发展方案进行了实证性的研究。范丹、王维国（2013）运用 SBM – DEA 模型测度了在碳排放的限制下 1999～2010 年在中国的 30 个省份及四大经济区域的全要素能源效率。黄德春、董宇怡、张长征和刘炳胜（2014）运用三阶段 DEA 模型深入分析了中国 29 个省份 2009 年的能源效率，研究表明，在剔除外部因素和环境变量以前，纯技术效率被低估，规模效率被高估，大部分省的规模收益在第三阶段计算出来的结果是递增的，这充分说明很多企业由于规模较小所以不能体现出规模经济性。Honma、Hu（2014）将资本存量、劳动、能源和非能源中间投入作为四种类型的投入，测量并计算了日本工业的全要素能源效率，并和其他发达国家做了比较性的分析和研究。Arabi、Munisamy、Emrouznejad（2015）采用方向距离函数的 DEA 模型来测算包含非期望产出的生态效率。

综上所述，由于对能源效率的概念众说纷纭，并且各种测算指标也有一定的缺陷性，因此，能源效率的测算结果也存在较大差异（魏楚，2007）。对于运营环境对能源效率的影响，全要素能源效率指标是无法辨别的，它同样在能源无效率当中难以将环境无效率分离出来。尽管实现了由偏要素框架向全要素框架的跨越，全要素能源效率指标却对外生环境差异引起和带来的能源无效率无法消除，它仍旧是"环境因素"与"管理因素"同时并存的综合性能源效率。因此，部分学者胡鞍钢（2008）、袁晓玲（2009）、王兵（2010）、叶详松和彭良燕（2011）等，将环境污染物纳入生产函数对全要素能源效率进行了测度，即从期望产出的增加同时考虑非期望产出的减少视角来研究全要素能源效率。

上述的一系列研究比较深入地对中国的全要素能源效率问题进行了研究，但也存在一些不足：一是在构建全要素能源效率框架时，只是从微观意义进行考虑，并未将此框架拓展到宏观意义，即全要素能源效率框架在考虑能源效率的测算问题不仅仅是考虑区域自身的投入和产出问题，还应该考虑到区域间各种纷繁复杂因素对本区域能源效率的影响，以及全要素能源效率应该体现的生态环保的价值观。二是在方法的采用上，多数文献运用了径向的、角度的DEA模型，如果投入过度或者产出不足时，运用径向的DEA模型进行测度，被测度对象的效率值会被高估；而运用角度的DEA效率模型进行测度，由于考察的投入或产出的某一方面，因此，评价结果可能会出现一定程度的偏差。

2）SFA是利用随机噪声来判断影响因素对系统效率影响程度的一种参数方法。SFA对评价能源效率，SFA有着非常高的识别能力，但是建立随机前沿生产函数模型必须界定投入与产出指标，模型假设比较关键。很多学者采用SFA模型对特定行业进行能源效率研究。

Maria 等（2002）采用 Cobb - Douglas SFA 方法研究了西班牙所有行业的能源效率，发现要想减少碳排放，必须实行能源管制政策。Buck、Young（2007）研究了加拿大商业建筑行业的能源使用效率，结果表明，建筑的经济活动和管理行为是影响能源效率的主要原因。Boyd（2008）利用 SFA 方法分析了玉米加工厂的能源效率。Boyd 等（2008）采用随机前沿回归分析了美国制造业的能源使用效率。Shi 等（2008）采用多种分解方法估计了影响中国 1980~2005 年间能源效率的主要因素，结果表明，全要素生产率，资本—能源替代率和劳动—能源替代率分别是 36.54%、45.67% 和 17.89%。Aranda 等（2012）采用 SFA 模型分析了能源效率在西班牙食品造纸业、化工业、饮料业、非金属矿产生产业方面的情况，结果发现这些行业的节能潜力大约是 20%。Massimo 和 Lester（2012）研究了美国 48 个州 1995~2007 年居民部门的能源消费和效率，发现能源强度不能准确的代表能源效率，通过控制一些经济变量，采用 SFA 模型能够测算出能源效率。Lin 和 Yang（2013）根据随机前沿生产函数，估计了中国火电厂的节能潜力和能源效率，研究发现 2005~2010 年平均的能源效率是 0.85，能源节约总量是 5.51 亿吨。李科（2013）根据 1995~2009 年中国的 30 个省份的面板数据，将有效资本存量、有效劳动力和有效能源作为投入变量，将 GDP 作为各地的产出变量，考虑技术俱乐部的异质性，将阈值变量作为产业结构合理化水平的标志，应用阈值效应随机前沿模型研究了中国全要素能源效率并对其影响因素进行分析。研究显示，中国各地的经济增长存在 3 个技术俱乐部，且产业结构越合理，其全要素能源效率值越高；对外贸易、"国退民进"式的产权制度改革和以降低碳强度为目标的环境污染治理均对提高全要素能源效率有所帮助。陈关聚（2014）运用随机前沿技术对中国制造业 30 个行业的全要素能源效率进行了测度，详细分析了能源结构对技术效率的影响。研究表明，2003~2010 年制造业能源效率呈现先上升后停滞的阶梯形变化特征，行业间能源效率水平差异较大。陈玲、赵国春（2014）对政府环境规制对能源消耗影响的作用机理进行了系统性的分析，并基于新疆 14 个地州 2003~2010 年的时间序列数据，运用 SFA 模型实证检验了全要素能源效率在新疆政府环境规制下所受到的影响。检验结果表明：新疆政府环境规制产生了能源的非效率，政府环境污染治理投资和环境基础设施投资都会对能源效率的提高有所限制，而资源税却对能源效率的提高有所促进。

结合区域工业发展特点，考虑到 SFA 模型对于模型假定和投入产出指标界定的诸多限制，本书最终采用考虑非期望产出的超效率 SBM – DEA 模型来分析中国区域工业全要素能源效率。

1.3.2 能源效率的影响因素

部分学者对行业能源效率的影响因素进行了研究。李世祥、成金华（2009）通过使用 Tobit 的方法实证研究了中国工业行业的能源效率影响因素。研究结果显示，能源与资本、能源与劳动之间的替代效应存在微弱的关系。从长远的眼光来看，工业行业的能源效率可以通过技术进步和能源价格来提升。范丹、王维国（2013）将二氧化碳排放量纳入工业能源绩效的评价体系之中，通过 SBM – DEA 方向距离函数和 Luenberger 指数，对 2000~2010 年中国工业 36 个行业的能源绩效影响因素进行了测度，结果表明，通过能源结构的调整可以有效改善行业能源绩效，其中资本深化与工业行业能源绩效呈正相关关系,生产率与工业行业能源绩效呈负相关关系,马歇尔外部性与工业行业能源绩效存在明显的 U 形关系。陈关聚(2014)深入分析了中国的能源结构,研究了中国制造业 30 个行业的全要素能源效率技术效率的影响,从中发现制造业能源效率呈现"上升—停滞"的阶梯状变化,而行业间的能源效率水平也存在较大差异。

以下学者对区域能源效率的影响因素进行了研究。王喜平、姜晔(2013)将环境作为约束条件,测算了中国 1996~2010 年 29 个省份的能源效率,从中发现环境因素对能源效率差异有较大影响之外,还发现东北老工业基地和中部地区效率低下的主要"瓶颈"因素是能源投入利用率低。王雄、岳意定和刘贯春(2013)测算了 1990~2010 年我国中部 6 个省份的能源效率,研究表明,科技人力资源与能源效率呈负相关关系,地方财政科技投入和高科技产业规模与能源效率呈正相关关系。陈玲、赵国春(2014)将政府环境规制作为能源消耗的影响因素,通过研究新疆政府环境规制对全要素能源效率的影响,研究发现新疆政府环境规制对能源效率的提高有着极大的抑制作用。揭水晶、何凌云(2014)构建了直接效应和综合调节效应模型,研究结果显示,调节能源技术效率和经济总量可以实现能源价格对能源消耗的抑制作用,但也阻滞了产业结构调节的路径。张三峰、吉敏(2014)通过对中国 30 个省的面板数据的深入研究及测算,其结果显示,能源效率的提升可以通过市场化得以实现。李梦蕴、谢建国和张二震(2014)通过选取 1995~2011 年中国省区面板数据,研究了中国区域能源效率差异及其影响因素,研究结果显示,FDI 对不同区域的能源效率存在区域差异,具体表现在 FDI 提高了中部地区的能源效率,也降低了西部地区的能源效率。

在研究能源效率的影响因素时涉及的研究方法方面,揭水晶和何凌云(2014)基于技术效率变动的视角,采用E-G两步法协整检验、岭回归和OLS回归等方法来研究对能耗所发挥的效应方面的调节作用的内部能源价格相对指数。杜雯翠(2013)基于1990~2009年与全球7个准工业国和6个工业国相关的环境和经济方面的各种数据,利用因素分解方法将这些国家的空气质量所进行的改善分解为能源和技术效应两大部分,分析并评价准工业国与各个工业国改善空气质量时所选择的路径。研究发现,准工业国多应用各种类型的治污技术,工业国则主要是通过提高能源效率从而达到改善空气质量的目的。

还有部分学者采用了空间计量分析方法。例如姜磊、季民河(2011)基于资源基础、技术进步、产业结构和不断运行的市场调节机制的视角分析了影响能源消费强度的各种因素,通过空间变系数的地理加权回归模型(GWR)来研究分析影响能源强度的各种因素的空间异质性问题。通过空间面板数据模型,Yu(2012)在中国各个省份之间研究了能源效率在地理空间上的相关性以及溢出效应。姜磊、刘婧(2013)研究了能源效率和中国市场化进程之间的空间关联机制。孙庆刚等(2013)运用空间计量技术对中国30个省份的截面数据进行研究,表明了中国省际能源强度存在全域性空间依赖关系,并且这些空间依赖关系随距离的进一步扩大而减弱,已呈现东南省份和西北省份两大局域性"空间俱乐部"式收敛分布特征。陈夕红、李长青、籍卉林等(2013)基于空间误差条件β收敛模型仔细研究了全社会能源效率收敛当中的技术扩散的影响,结果证明,空间滞后性在全社会能源效率当中明显地存在着,空间相依性在其增长率不是太显著,但在全社会能源效率β收敛当中,空间因素对其正面影响的趋势有着明显的加强。韩峰、冯萍和阳立高（2014）以马歇尔集聚理论为基础构建计量模型和空间外部性指标，运用 2003～2011 年城市面板数据表明了经济活动空间集聚对能源效率的各方面影响。结果表明，空间中城市专业化劳动力、中间投入和技术溢出效应对城市能源效率有着较大的影响，而能源效率受到中间投入空间可得性和空间技术外溢的显著促进作用。安虎森、王雷雷和吴浩波（2014）基于 2000～2012 年中国 31 个省（自治区、直辖市）的各种面板数据，通过检验建立面板空间误差模型，分别根据烟（粉尘）排放量、二氧化硫排放量、固体废弃物产生量和废水排放量衡量环境污染程度，并且对中国环境库兹涅茨曲线进行了实证检验。研究结果表明：倒"N"形环境库兹涅茨曲线在中国确实存在，而且还检验出了单位生产总值的污染产生量和排放量随地区经济发展成反比的关系，前者若是提高，后者就会下降；显著的空间自相关性在四种污染排放物当中都是十分的显著。沈能、王群伟（2015）在仔细分析异质性技术的基础上，通过 Meta – frontier 效率函数对中国区域环境效率进行估算，并将地理、贸易和集聚外部性等各种空间性因素放入环境效率的分析框架体系当中，并进一步考察环境效率空间溢出的方式和效应。

综上所述，目前国内外对于能源效率问题的研究已经取得了很大的进展，经历了从单要素到全要素来衡量能源效率的研究脉络，但在全要素能源效率框架的构建方面、影响因素指标体系的构建和研究方法上还有进一步完善的空间。

一是在全要素能源效率框架构建的研究中，有待于进一步将"多投入—多产出"的框架拓展到宏观意义，即还应该考虑到区域间相互作用对能源效率的影响，也就是说空间溢出效应对能源效率的影响，同时也应该树立全要素能源效率框架该有的价值观。

二是在影响因素研究中，现有文献对能源价格、产业结构、外商直接投资、经济发展水平、对外开放程度、能源消费结构、技术进步、政府影响力的研究较丰富，但没有考虑产业结构调整的影响，对于对外开放程度简单用贸易进出口额统一衡量，没有区分进口与出口的单独影响过程。

三是在研究方法上，主要采用回归分析方法、指数分解方法、向量误差修正等，有部分学者采用了空间计量模型，但研究对象为单要素能源效率或全要素能源效率，并没有考虑二氧化碳这一非期望产出的影响。

四是在研究视角上，现有研究只是单一的、零散的对能源效率的测度和影响因素的研究，缺乏从时空效应角度出发对能源效率问题的系统性研究。因此，本书将从这些方面进行深入探讨。

1.4 本书研究内容

本书分为五大部分共 7 章，主要内容如下：

第一部分是绪论。阐述了本书的写作背景、研究意义、国内外研究现状、本书的主要内容、技术路线、研究方法和创新点。

第二部分是中国工业能源效率理论基础。对经济增长理论、全要素生产率理论、经济收敛理论、环境经济学理论、空间经济学理论等进行了介绍。进一步基于场景理论分析了中国工业全要素能源效率场景理论包含的五个要素，以此为核心，构建了基于场景理论的全要素能源效率分析框架，形成了本书的研究体系。

第三部分是中国区域工业全要素能源效率的测度、评价与空间差异收敛性分析。第3章是基于上文构建的理论分析框架中突出强调了"节约环保、绿色低碳"的能源消费文化价值理念，本章将二氧化碳当作非期望产出纳入全要素能源效率框架，同时利用9种能源和1997～2012年中国30个省份的工业面板数据，运用包含非期望产出的超效率SBM－DEA模型，测度了中国30个省份的全要素工业能源效率及节能减排潜力，从空间上对其进行了评价和比较。第4章是以1997～2012年包含非期望产出的区域工业全要素能源效率为研究对象，构建了中国区域工业全要素能源效率的σ收敛、绝对β收敛、条件β收敛、俱乐部收敛四种收敛模型，对中国东部沿海、东北老工业基地、中部和西部四大经济区域全要素能源效率的空间差异性进行了进一步的分析。

第四部分分别从空间上和时间上对中国区域工业全要素能源效率与影响因素关系进行了分析。其中，第5章是在现有国内研究的基础上，增加了产业结构调整、城市化率、贸易进口额、贸易出口额4个指标，构建了包含10个影响因素的中国区域工业全要素能源效率影响因素体系；利用1997～2012年中国30个省（市、自治区）能源效率和影响因素的面板数据，构建了包含地区固定效应的区域工业全要素能源效率空间滞后面板数据模型，分析了影响因素与能源效率的关系。第6章构建了各影响因素与能源效率的面板VAR模型，从时间上运用方差分解方法和脉冲响应函数分别分析了影响因素对区域工业全要素能源效率变动的贡献率和冲击效应。

第五部分是结论和展望。对本书的主要研究结论进行归纳总结，结合中国的实际提出了政策建议,并对有待进一步研究的问题进行了展望。

1.5 技术路线和研究方法

1.5.1 技术路线

围绕中国区域工业能源效率的测度与影响因素分析两个方面的内容,从空间和时间上展开区域比较、动态变化的研究,其具体技术路线如图1-1所示。

1.5.2 研究方法

其一,逻辑推演方法。借鉴场景理论的基本思想,结合中国工业发展中追求环境保护和资源可持续发展的现实,建立了全要素能源效率价值观,分析了中国工业全要素能源效率的五个要素,并在主观认识和客观结构体系下,构建了中国工业能源效率场景理论分析框架。

其二,空间计量分析方法。本书通过构建包含有地区固定效应的空间滞后面板数据模型,分析了中国区域工业全要素能源效率的空间差异,以及10个影响因素对中国区域工业全要素能源效率的影响显著性和方向。

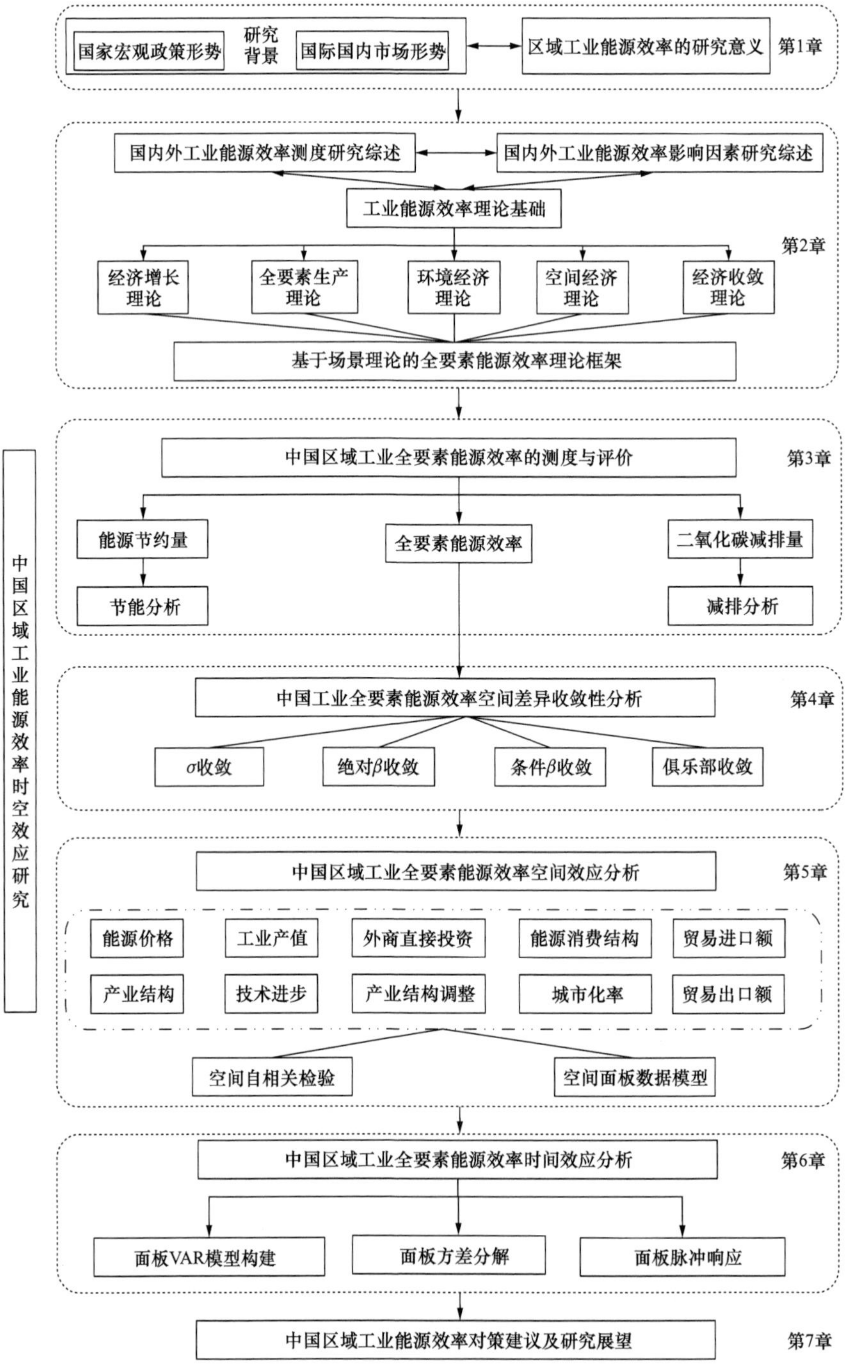

图 1-1 本书研究的技术路线

其三，面板向量自回归分析方法。本书基于中国30个省份能源效率和影响因素的面板数据，分别构建了面板VAR模型，利用方差分解方法分析了影响因素对区域工业全要素能源效率变动的贡献率，利用脉冲响应函数分析了影响因素变动对区域工业全要素能源效率的冲击效应。

其四，数据包络分析。本书运用超效率SBM-DEA模型和包含非期望产出的超效率SBM-DEA模型对中国30个省份的工业全要素能源效率、节能潜力和减排潜力进行了测度。

其五，收敛性分析方法。本书运用σ收敛、绝对β收敛、条件β收敛和俱乐部收敛四种模型，对全国及中国东部沿海、东北老工业基地、中部和西部四大经济区域能源效率的空间差异性进行了实证分析。

1.6 本书创新点

本书针对中国工业全要素能源效率的测度和影响因素，从空间和时间角度进行了具体研究，主要创新点体现在以下四个方面：

第一，构建了基于场景理论的全要素能源效率理论框架，将二氧化碳当作非期望产出纳入该框架，并运用超效率SBM-DEA模型对中国区域工业全要素能源效率进行了测度和节能减排分析评价。

第二，通过构建中国区域工业全要素能源效率的收敛模型，分析了全国及中国四大经济区域工业全要素能源效率的空间差异性。

第三，在现有研究基础上增加了四个指标，构建了中国区域工业全要素能源效率影响因素体系,并通过包含地区固定效应的区域工业能源效率空间滞后面板数据模型,分析了影响因素和能源效率的关系。

第四,通过构建影响因素与工业全要素能源效率的面板 VAR 模型,分析了影响因素对工业全要素能源效率的贡献率和冲击效应。

第 2 章

中国区域工业能源效率的相关理论基础

2.1 相关理论基础

2.1.1 经济增长理论

关于寻求经济增长的内在机理,前人先后从古典经济学、新古典经济学和内生经济增长理论来试图解释。以拉姆齐(Ramscy,1928)的论文为界,经济增长理论可分成两阶段,经济增长理论的奠基阶段即古典增长理论(1928年以前)和成熟阶段(1928年以后),即新古典增长理论和内生增长理论(沈坤荣等,2003)。

古典经济学时期,亚当·斯密(Adam Smith)从分工的视角解释和讲述了经济增长的内在机理。分工有利于提高劳动熟练程度、改进技术和积累经验，实现劳动生产率的提高，可以通过增加雇佣劳动者数量并提高其生产效率实现产量增长，但前提是要增加资本投入。大卫·李嘉图（David Ricardo）从收入分配角度对经济增长进行了阐释。他考察了工资、利润和地租的内在联系和外在因素后，又提出受边际收益递减规律影响，长期来看，经济增长最终会趋于停止。托马斯·马尔萨斯（Thomas Robert Malthus）在其人口论的基础上讨论了经济增长。他认为，在无任何节育措施的情况，人口增长按几何级数增加，产出按算术级数增加，人口增长要远快于产出增长，没有战争、瘟疫等外在因素影响，这种不受限制的人口增长与资源的稀缺性有着必然冲突。随着人口基数不断扩大，与之对应的增长率会迅速增加，人均产出也将不断降低。同时期，卡尔·马克思（Karl Marx）的社会总资本再生产、资本主义再生产理论、剩余价值论、资本积累论、流通理论、劳动价值论都对拓展经济增长理论做出了突出贡献。同时，马克思也是揭示社会总资本再生产和流通过程的第一人，通过静态分析动态化，短期分析长期化构建了扩大再生产理论，并在此基础上建立了经济增长模型。

马歇尔（Marshall）是新古典经济学的集大成者，他发展了古典经济学报酬递增的思想，这种思想以斯密为代表，而且他还认识到资本家的管理和资本的积累对经济增长的促进有重要作用。随着生产规模的不断扩大，会产生更多的剩余价值，资本家会将其转化为储蓄，形成新的资本追加，支撑更大的规模生产，带来更多的新增财富。同时，他将知识和教育引入经济增长模型中，认为知识作为一种内在的因素可以促进经济增长。熊彼特（Joseph Alois Schumper）将经济增长的内在动力通过创新进行了相关解释，同时他也认为创新是企业家通过重新整合全要素来构建的一种新生产函数。

现代经济增长理论的标志是哈罗德—多马（Harrod – Domar）模型的出现。该模型的重要假定是资本和劳动不能相互替代。模型结论：不断增加的储蓄率是经济增长的内在动力因素，随着资本产出比的扩大，经济增长率会随之降低。该模型在没有考虑技术进步在经济发展中作用的情况下，强调了经济增长的路径是不稳定的。

哈罗德—多马模型中要保证经济持续稳定增长，必须使保证的持续增长率和自然增长率相等。但是，由于资本系数、储蓄率以及劳动力增长率都是外生变量，难以控制，充分就业的经济增长很难实现。当劳动力增长将成为制约经济发展的"瓶颈"时，资本将会过剩；若资本成为经济增长的"瓶颈"时，就会导致失业。这都不能实现充分就业下的均衡增长。只有在资本、劳动、储蓄、消费和投资以相同的不变速率增长，才能实现一种稳态均衡。这时才能达到一种"稳态经济"。因此，哈罗德—多马模型在可以保证增长率和自然增长率相等时，这一比率就是该经济的稳态增长率。如果考察模型中各变量的人均指标（即各变量除以劳动），则易证明在稳态时它们都是恒定不变的。

由于模型中可以保证增长率和自然增长率的因素都是外生变量，要保证二者正好相等很难，经济系统内部无法实现调控，故这两种要素在同时保证充分就业下的稳态均衡增长，事实上很难实现。再进一步，可以保证的增长率本身也不稳定，一旦可以保证的增长率与实际增长率有微小的偏差，这种偏差将不断扩大，充分就业就无法得到满足，从这个意义上，哈罗德—多马模型在稳态下，充分就业的均衡增长更是"刀锋上的均衡"。导致哈罗德—多马模型的这种不良性质的根本原因是"生产函数中资本产出比不变的假设"，为此，后来的索洛模型将这种生产函数加以改良，改善了模型性质。

新增长模型是由索洛—斯旺（Solow – Swan, 1956）建立的，Solow模型将哈罗德模型的生产技术假定放宽，认为劳动和资本可以相互替代，更强调市场机制在经济增长中的作用，无论经济处于什么样的初始状态，市场机制只要是完全的，就可选择合适的资本—产出比来保证充分就业。不过，在索洛模型中，储蓄率仍是外生的。卡斯—库普曼（Cass – Koo Pmans, 1965）为将储蓄率内生化，在经济增长模型中将消费者利益最大化引入，因此，使新古典经济增长模型更为一般化。尽管Ramsey – Cass – Koo Pmans模型实现了储蓄率内生化，但其与索洛模型的结论是相同的，即经济增长率从长期来看取决于技术进步率和人口增长率。新古典增长模型一方面认为经济增长的决定因素是技术上的进步，另一方面又假定技术进步是外生变量，使新古典模型无法解释一些经济增长现象。

因资本劳动产出比在哈罗德—多马模型中固定的假设对充分就业下的均衡增长难以进行保证，只有修改模型中关于生产函数中资本和劳动固定比例不变的假设，即假设要素间可以相互替代才可能改变这种性质。索洛（Solow, 1956）和斯旺（Swan, 1956）最早提出这样的增长模型，即"索洛—斯旺模型"。由于其生产函数具有新古典的特征，也被称为新古典经济增长模型。

索洛—斯旺模型对哈罗德—多马模型的假设进行了基本的保留，如单一产品、储蓄率外生和给定的劳动增长率；不同之处在于：它引入了技术进步的作用，并且资本以一个固定比例折旧；并以外生固定的比率增长。

索洛—斯旺模型选择改用要素间可相互替代的新古典生产函数，避免了"刀锋上的均衡增长"问题，这是其理论的重要进步之一。

但是，由于其具有新古典函数的一些特殊性质，使索洛—斯旺模型描述的经济稳态，人均产出则仅以外生的技术进步增长。换句话说，一旦缺乏技术进步，以人均产出为代表的经济增长终将趋于停滞。因此，索洛—斯旺模型并非一个持续的内生增长模型，经济的稳态增长要依赖于技术进步，而技术进步在模型中却是外生变量，这恰恰是该模型的一个致命缺陷。后来的新增长理论为克服上述缺陷，即将技术进步内生化，来揭示推动经济持续增长的内生机制；正是从这个意义上，新增长理论通常又被称为"内生增长理论"。

罗默（Romer，1986）和卢卡斯（Lueas，1988）等于20世纪80年代中期创立了新经济增长理论，将外生变量的技术进步内生化。新增长理论认为人力资本、知识的沉淀和积累带来的技术进步可以促进经济增长，这是经济增长的持久动力。从经济增长动力的角度来看，新增长理论更强调人力资本、分工、贸易和制度等"软"因素。新增长理论与新古典增长理论相比，它从不同侧面探索和研究了经济增长的机制和来源，解释了在更大范围内的经济现象，并进一步提出了与促进经济增长有关的政策。

自20世纪60年代后期到80年代期间，新古典的外生增长理论一直未有重大突破，故而主流经济学的研究一度沉寂。到80年代后期，罗默（Romer，1986）和卢卡斯（Lucas，1988）的经典论文先后发表，构建了技术进步内生化的经济报酬递增机制，克服了新古典增长理论无法持续增长的缺陷，这一突破重新激发了经济学家对经济增长研究的兴趣，从而使该领域成为当代西方经济学研究的一大热点。这一时期的增长研究大多在传统新古典模型的基础上，试图探寻长期内促进经济持续增长的内生机制，故被统称为新增长理论或内生增长理论。

总体而言，这些模型思想主要精髓：长期内，持续性均衡增长的经济是可以实现的，经济增长主要是由内生因素引起的，并非外部因素，且内生因素的技术进步是经济增长的决定性因素；同时，知识（或技术）、人力资源资本具有溢出效应，对于经济持续增长是不可缺少的，国际贸易和知识在国际间的流动对于一国经济增长具有极其重要的影响；经济均衡增长率在没有政府干预的情况下通常低于社会最优增长，表现为一种社会次优，经济政策（如税收、产业以及贸易）也会对经济性的长期增长造成影响；政府在一般情况下对研发活动的补贴有利于经济增长的促进。

尽管如此，新增长理论事实上并没有一个统一框架，众多模型根据不同的分析思路、采用不同的方式去内生经济增长。限于篇幅，这里将集中评述有代表性的罗默（1986）和卢卡斯（1988）两种主要的新增长模型。

以罗默为代表的第一种模型将研究开发与不完全竞争相结合，模型中技术进步来自研发活动，这种活动由某种形式的垄断力量提高补贴；如果经济社会能不断创新，那么从长期来看，增长率就能维持正值。然而，产品需求和生产创造存在一定的信息扭曲，经济增长和发明创新带来的社会福利也不会是帕累托最优。

以卢卡斯为代表的另一种模型是将资本内涵宽泛化，则投资的回报并不必然随经济发展而降低，可以实现经济持续增长，知识的外溢和人力资本的自身利益是这一过程的一部分，它们有利于避免资本积累的报酬递减。该模型与索洛—斯旺模型的区别在于，索洛—斯旺模型中只有实物资本（即狭义的资本），卢卡斯通过人力资本的引入，拓宽了资本的含义。由于产出对储蓄率的长期弹性取决于资本的收益份额，而人力资本的存在必然提高了资本的收益份额，因此与新古典增长模型相比,引入人力资本的新增长模型,储蓄率的变化必然影响产出的增加。由此,引入人力资本后,广义资本积累的差异便可以解释国家或区域间的经济差距。

2.1.2 全要素生产率理论

在生产过程中投入人力、物力、财力等要素资源,其实际产出效率,称为生产率,也就是充分开发利用要素资源的效率,即投入产出之比。通常在实际运用中,根据要素投入数量的不同,将生产率分为两种,即全要素生产率和单要素生产率。而单要素生产率仅侧重于单一要素投入与产出之比,即只能反映一种要素生产率的变化,不能反映全要素投入的利用情况。其实,在实际中,需投入不同要素(如劳动、资本等),且这些要素之间充分配合,才能形成一个完整的生产流程。劳动和资本在经济增长理论中是可以相互取代的,当产出固定时,劳动产出率与劳动投入、资本产出率与资本投入均呈负相关关系。所以,单要素生产率是有缺陷的,不能反映所有要素生产率的变动情况。与之相对,全要素生产率能够弥补单要素生产率的不足,能够衡量投入全部要素生产率的变化状况,是衡量地区经济增长状况的重要指标。

20世纪50年代,一些学者开始定量研究全要素生产率。美国经济学家Abramovitz(1956)研究美国19世纪70年代的经济时发现,促进产出增长的因素不仅仅包含要素的投入,还包括其他因素。Solow(1956)将技术进步归于促进产出增长(除投入要素外)的其他因素,即索洛残差。Solow(1957)开始着手全要素生产率的研究,在此之后众多经济学家如Denison、Jorgenson、Fare、Aigner、Caves

等对其理论和方法进行了补充和完善。在经济方面，诺贝尔获得者Denison（1967）改进了Solow的模型。他指出，增加投入要素和提高生产率均可促进经济增长。他认为可从增加劳动数量和提高劳动质量这两方面来增加劳动要素的投入。另外，他还强调经济增长必须依靠先进的教育和知识的进步。Denison认为，Solow估算的全要素生产率偏大，这是因为Solow设定投入劳动和资本这两种要素是同质的，从而要素投入增长率偏低。实际上，劳动的质量对劳动效率是有影响的。

Jorgenson（1967）采用超越对数生产函数分别在部门和总量两方面测算全要素生产率。另外，他分解了总产出、投入的劳动和资本要素，指出可增加劳动时间与提高劳动质量来增加劳动投入。

2.1.3 经济收敛理论

新古典经济增长理论（Solow，1956）通过区域人均收入的差距是由人均资本存量差距导致的，就人均资本存量来说，富国的存量要高于穷国，但技术和偏好类似的经济体会收敛到相同的稳定状态。假如资本的边际报酬递减规律是存在的，因资本在富国的拥有量较高，所以其资本边际收益要低于穷国，鉴于资本的逐利性，资本的流向主要是从富国到穷国，穷国的经济增长在这种趋势之下将会加快。因此，导致经济体间的经济差距会渐渐缩小，逐步呈现出收敛的趋向。

但是，新经济增长理论（Romer，1986；Lucas，1988）通过技术进步和人力资本的引入，并且使技术进步内生化。由于受到人力资本规模报酬递增规律一定程度上的影响，技术创新的外部性在某种程度上对由于资本投入而带来的边际报酬递减可以进行弥补,因而从总体来看,资本边际报酬递减的规律就不会再存在。在这种情况下,若国家变得越发达,那么在知识、技术方面的积累量就会越大,这个国家在经济方面的发展将会变得越快,相反若国家越贫穷,那么其在经济方面的发展将会变得越慢,因此经济差距在地区间的不断拉大将会得收敛的现象不会再出现。

然而,综观全球经济体发展和不同区域的发展状况,国家和地区间的发展差距不断缩小,也存在地区经济差距不断扩大的现象。因此,收敛性分析利于帮助我们判断区域间差距的变化状况。

2.1.4 环境经济学理论

环境经济学是伴随着环境资源由公共物品变为稀缺商品而产生的。在工业社会之前,人们对于环境资源的认识是有误区的,认为环境资源是无穷无尽的,同时也是无偿的,因此,也就没有人考虑环境资源的稀缺性问题。但是,在工业革命以后,环境资源大幅度耗竭,环境也遭到了明显破坏。伴随着经济增长、人口急剧增加,环境污染问题日趋严重,因此,清洁的环境资源渐渐成为稀缺商品,也有了价值的衡量。令人们遗憾的是,在传统经济学里,市场经济一直成为主要的研究对象,然而环境问题却一直是被忽视的领域。

通常认为,环境经济学产生于西方20世纪60年代,成熟于80年代。环境经济学是经济学的一个分支,主要研究环境与经济之间关系,尽量保证经济发展和环境保护同步进行,这也是环境经济学的核心课题。

环境问题也是经济问题,怎样才能解决经济增长和社会环境的矛盾？经过探索，循环经济成为现代人类社会发展的出路。循环经济主要是遵循生态价值观，来指导人类的社会活动，尤其是经济活动。在传统经济中的主要生产流程是一种单向流动的线性经济形式，它突出的特点是开采高、利用低、排放高。在此经济形态中，人们大量地开采地球资源，且资源利用率低，然后把废弃物高排放到环境中，这是一种粗放型经济，久之会阻碍经济的发展。与此相对，循环经济是一种生态型经济，它的主要的生产流程是开采资源、形成产品，然后是资源循环利用，这是一种反馈式流程，它的主要特征是开采低、利用高、排放低。因此，循环经济是一种兼顾经济与环境的和谐发展模式。在循环经济里，所有的物质能源能得到充分合理的利用，从而使经济活动降低对自然环境的损害。可知，循环经济为可持续发展奠定了基础，有望从根本上缓解环境和发展长期以来存在的矛盾。

2.1.5 空间经济学理论

（1）空间分布和空间异质

不同于传统计量经济模型，在空间计量经济学中，为了验证空间异质性的存在，变量和扰动项需要在空间上分布。变量和扰动项在空间上的分布有空间聚集、均匀分布和随机分布三种形态。而空间异质性正是由于空间经济分布的非匀质性或非随机性所导致的。空间异质性，也称空间差异性，是指每一个空间区位上的事物和现象都与其他区位上的事物和现象具有不同的特点。

空间异质性可以用一个函数关系表示：

$$y_i = f_i(x_i, \beta_i, \varepsilon_i) \tag{2-1}$$

式中，i 代表空间观测单元，$i=1,\cdots,n$。y_i 是因变量，x_i 是自变量，β_i 是参数向量，ε_i 是误差项。

(2) 空间依赖与关联

在空间上，事物和现象形成了相互依赖、影响和约束，这就是所谓的空间依赖，空间依赖是事物和现象的属性，这种属性是事物和现象本身所固有的，空间依赖是区域空间过程和现象的一种本质性的特征。空间依赖可以定义为观测值及区位之间的一致性。在空间中，如果为正的空间自相关则是由于相邻地区之间随机变量的高值以及低值出现集聚倾向，如果为负的空间相关则是地理区域倾向于被相异值的区域所包围。由此可见，某种空间作用使观测值在地理上进行集聚，在不同地区的观测变量是交互式影响的，这就是所谓的空间依赖。对空间依赖来说，有很多的经济因素显得尤为重要，这些经济因素包括劳动力、资本流动、知识溢出、交通运输或交易成本等各种经济性质因素。

空间关联的普遍性由 Tobler 上升为地理学第一定律，即"任何事物在空间上都是关联的；且关联程度与距离呈现出反比的性质，关联程度随着距离的逐渐变近而逐渐变强；随着距离的渐远而变得越弱"。

有两个很重要原因造成了空间依赖性，原因之一是在空间边界当中空间要素的流动，另一个原因是空间特征被区位、距离所造成的影响，这些区位和距离是由空间界限导致的。这表明，空间系统中其他位置上的事物和现象可以或多或少地决定一个区位上的事物和现象，下面的公式可以将这个空间过程进行表达：

$$y_i = f(y_1, y_2, \cdots, y_{i-1}, y_{i+1}, \cdots, y_n) \quad (2-2)$$

式中，y_i 表示变量 y 在第 i 个空间单元上的观测值，$i \in S$，S 是所有空间单元的集合。

(3) 空间模式和自相关

世界上的任何事物都不是孤立存在的,而是和周围其他事物相互联系的。同样事物与现象之间,也呈现出一定的空间分布形式。所以说,空间模式在时间和空间上的关系在某种程度上会导致空间模式发生演变。

空间模式大致包括以下三种类型:①时间关联模式。在不同的时间,空间位置相同的事物和现象之间的关联模式。②空间关联模式。在同一时间,空间位置不同的事物和现象之间的关联模式。③时空关联模式。在不同时间,空间位置不同的事物和现象之间的关联模式。但是从本质来说,其更加强调不同空间区位上事物和现象之间的关联。

空间自相关体是一个量度,主要体现了在空间场中数值的聚集程度。事物之间的相互联系性与距离有直接关系,即短距离事物的联系明显高于远距离事物的联系。倘若在一个空间场中,存在相似的数值聚集现象,则说明该空间场有着明显的正空间自相关,相反则是负空间自相关。所以,我们可以将空间自相关理解为某一位置与相邻位置之间的属性值关系。

由于空间依赖的存在与古典统计和计量经济学分析的假设不同,因此获取地理位置相关数据的空间依赖性,成了一个非常重要的研究问题,许多研究者直接利用古典计量学的方法获取数据,这是非常不妥的,会引起一系列的问题。因此,在处理空间数据时,我们要找到合适的空间统计和空间计量经济学分析方法,同时我们也不能摒弃旧的方法,要加以创新,使之成为可以利用的方法。由此可见,空间计量经济学的研究对象是各种空间相互依赖、相互作用的现象，而其模拟方法的框架是由两个模型构成的：一个是面板数据空间回归模型（主要是线性模型）；另一个是横截面数据空间回归模型。通过对参数的模拟仿真，可以得到某些不同的模型，为空间相关研究带来多样性。

空间计量经济模型主要有两个不同的模型：其一是空间滞后模型，它是将变量引入到空间滞后形式当中，将周边位置的变量与自身位置上的变化联系在一起，解释了空间扩散、空间溢出等相互作用造成的空间依赖问题；其二是空间误差模型，它是将误差项定义为一个空间过程（如空间自回归）的形式，能够将由于测量误差所造成的空间依赖更加明显地表现出来。

2.2 基于场景理论的全要素能源效率理论分析框架

2.2.1 场景理论的基本思想

场景理论中"场景"一词来自英文字母"Scenes"的翻译。人们对这个词熟悉的是在电影方面的应用，影片希望通过对白、场地、音乐、道具及演员等传递给观众预期的信息。那么，场景中各个元素之间的关系应该是相互关联的，同质元素布局之间应有必然的出现关系，异质元素布局之间将表现颠覆性的思想。

20世纪80年代后期，后工业社会悄然而生，城市中心兴起了诸如文化创新、休闲娱乐、高新技术、金融服务等新兴产业，进而取代了大批制造业,所以,城市形态由生产领域转向了消费领域。根据这一转变,传统的以生产为核心的社会理论已经不能够作为城市发展的理论指导,所以,需要一套新的以消费为核心的社会理论工业社会的城市发展的理论指导。在此背景下,"场景理论"(The Theory of Scenes)随之出现,这一理论正是以消费为核心,注重生活娱乐设施,通过文化实践表现出来,推动后工业社会城市更新与经济的发展。具体而言,生活娱乐设施的不同组合形成了场景。而在这些组合中,不仅揭示了城市功能,还传递了文化及价值观。文化及价值观体现在城市生活娱乐设施及布局的各个方面,并形成一种抽象的符号传递给不同的消费人群信息。此时,"场景"概念已经超越了生活娱乐设施集合的物化概念,它是一种作为文化与价值观的外化符号而影响个体行为的社会事实。

新芝加哥学派将场景理论作为对城市发展研究的新模式。主要是拓展了城市研究的空间领域,将其从自然与社会属性领域上升到文化创意等消费领域。它们将一些发达国家的城市如纽约、芝加哥、东京、巴黎等作为研究对象进行深入研究,结果发现对这些城市的生活娱乐设施进行不同的组合,形成的区位"场景"也是不同的。而不同的区位"场景"也蕴含着不同的文化价值观念,正是由于这种特定的文化价值观念因而引来了不同的消费人群,因此,推动了高技术人才和新兴产业的集聚,促进了城市的发展。这正是后工业社会显著不同的特征。

在后工业社会里,个体对文化及价值观的追求是不同的,个体行为动机也不尽相同,因此,这可作为场景理论研究的出发点。在城市中,社区、建筑、人口、风俗与群体性活动等均蕴含着特定的文化及价值观,这些都通过生活娱乐设施的布局、功能、种类表现出来。文化和价值观通过区位场景来反映和塑造着人们的行为动机和现代生活秩序。

场景理论主要是从主观方面和客观结构方面进行研究的。城市场景理论的主观方面是指文化和价值观,客观结构主要由研究区域的生活娱乐设施构成,即城市中的商铺区、工厂区或者将其细分,如咖啡馆、餐馆、服装厂、剧院等生活娱乐设施的数量和规模。

场景主要包括社区、物质结构、多样性人群、前三个要素及活动的组合、文化价值五个要素。其实,场景就是由不同消费人群进行消费所形成的具有抽象符号意义的社会空间。

2.2.2　中国工业全要素能源效率场景理论的构建

随着中国工业化和城市化进程的加快,中国区域工业全要素能源效率的改善不仅依靠工业生产部门劳动力、资本和能源的投入带来的工业经济实力的提升,同时也受到生态文明、可持续发展、和谐社会等文化和价值观的影响。中国区域工业全要素能源效率的影响因素已经呈现出多指标、多维度、多场景的系统形态。原有全要素能源效率框架,只是从微观意义进行考虑,并未将此框架拓展到宏观意义,即全要素能源效率框架不应该只局限于考虑区域自身能源的投入和产出问题,还应该考虑到区域间各种纷繁复杂因素对本区域能源效率的影响,以及全要素能源效率应该体现的生态环保的价值观。为了更加全面、系统地研究区域工业能源效率问题,本书拓展了原有能源效率框架,构建了基于场景理论的全要素能源效率框架。

全要素能源效率框架应用场景理论的研究出发点:在后工业社

会里，中国以能源消费带动经济发展的模式，凸显在工业对能源消费的文化与价值观的诉求之中。特定区域经济发展的文化与价值观蕴藏在空间、工业、经济发展活动中，并外化为区域产业的结构和区域产业布局的总和（场景）。文化和价值观通过区域场景来反映和形塑着工业发展的空间行为动机与经济发展模式。

在工业社会的快速发展中，中国虽然仍然主要依靠工业为经济推动力，但是在发展中必须注重对环境的保护和资源的可持续发展等问题。基于这样的背景，中国区域工业全要素能源效率场景理论包含的五个基本要素如下：

其一，邻里（Neighborhood）空间，指区域（省、市、自治区）。

其二，物质结构（Physical Structures），能源消费的载体，指区域产业。

其三，多种经济发展模式（Economy Development Mode），指在不同的产业结构、能源消费结构、技术水平、城市化率等因素作用下形成的不同区域经济发展模式。

其四，前三个要素的组合以及活动的组合（The specific Combinations of These Factors），指能源消费支撑的区域经济及其动态发展过程。

其五，场景中所孕育的文化价值（Legitimacy, Theatricality and Authenticity），指节约优先、绿色低碳背景下的工业能源效率。

区域工业全要素能源效率场景理论的研究体系也从主观认识和客观结构两大体系上进行建立。按照中国区域工业全要素能源效率场景理论的五个基本要素，客观结构由被研究区域中的产业所构成，比如工业、商业、服务业等产业的数量和规模。那么，在各自的区域内部这些产业相互交织、相互作用，它们的发展不仅仅是要素的投入和产出的问题,还会受到诸如产业结构、消费结构等各种因素的影响;同时,产业的发展也会还会受到相邻区域各种因素的影响,而且随着时间的动态变化,这些因素对它们的作用也有所变化。主观认识体系是指节约环保、绿色低碳的能源消费文化价值观念。在这样的文化价值观的指导下,场景中的产业相互作用、动态发展,形成本区域特有的经济发展模式。基于此,构建了基于场景理论的工业全要素能源效率理论分析框架,如图2-1所示。

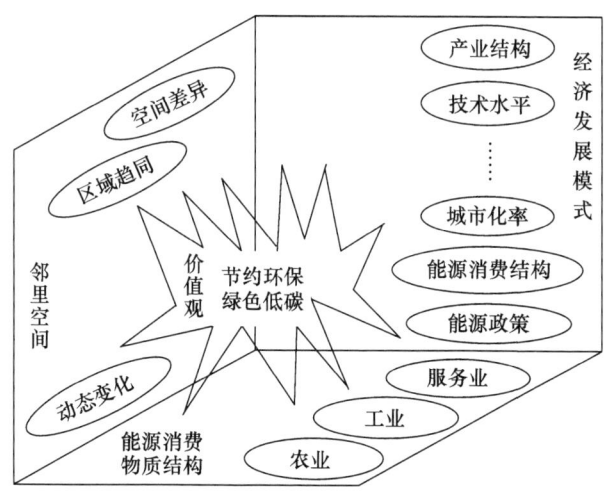

图2-1 基于场景理论的工业全要素能源效率理论分析框架

2.2.3 中国工业全要素能源效率场景理论的学术价值

本书构建的中国工业全要素能源效率场景理论及分析框架为研究工业能源效率提供了新的视角。其以节约优先、绿色低碳为价值观,以能源消费为基础,以区域产业为载体,以经济发展模式为要素组合，把区域看作是汇集各种消费符号的文化价值混合体。为全要素能源效率树立其该有的价值理念，从自然属性的能源效率问题上升到意识形态的宏观意义的能源效率问题。同时，能源效率问题也不仅仅是投入和产出之间的局部的区域内部的问题，其也会受到周围空间区域各种因素的影响，且受因素的动态变化而变化。因此，对于能源效率的这种具有意识形态的、空间的、动态的考虑会使工业能源效率的研究更为全面和完善，而且能够为实施差异化的区域能源政策以及政策的动态调整提供参考依据。

2.3 本章小结

本章从经济增长理论、全要素生产率理论、经济收敛理论、环境经济学理论、空间经济学理论五个方面对中国工业能源效率的研究进行了理论基础介绍，并基于场景理论思想，分析了中国工业全要素能源效率场景理论包含的五个要素，对其场景进行描述，并在主观认识和客观结构体系下，构建了工业能源效率场景理论的分析框架。

第 3 章

中国区域工业全要素能源效率的测度与评价

由于工业在中国经济中的支柱地位以及能源消耗在国民经济中占比最大等显著特点，工业能源效率的测度与评价成为学术界的经典问题和热点问题。在单要素能源效率研究框架下，能源效率的测算往往用能源消耗量与经济产出的比值或者其倒数来衡量，也就是能源强度或者能源生产率。首先，单要素的能源效率能够在一定程度上反映能源与经济产出的关系，但是不能确切地反映能源作为诸多生产要素的一种对于产出的实际贡献，同时，也不能反映其与投入要素间的替代比例。其次，由于计算出的单要素效率存在量纲问题，因此存在比较误差的问题。最后，能源消耗带来经济增长的同时也带来了环境污染问题，这种非期望产出对能源效率的影响完全没有反映出来。基于第 2 章构建的理论分析框架突出强调"节约环保、绿色低碳"的能源消费文化价值理念，本章将二氧化碳当作非期望产出纳入全要素能源效率框架，对比分析考虑二氧化碳排放前后工业全要素能源效率的变化情况，以反映二氧化碳排放对工业能源效率的影响；通过能源消耗和二氧化碳产出的冗余量来分析工业节能减排潜力。

本章以中国区域工业全要素能源效率为研究对象，以超效率 SBM – DEA 模型、比较分析、系统聚类分析为研究方法，以 1997～2012 年中国 30 个省（直辖市、自治区）为研究样本，对中国 30 个省的工业全要素能源效率进行测度和评价。本章的结构安排如下：第一部分是对超效率 SBM – DEA 模型和包含非期望产出的超效率 SBM – DEA 模型的介绍；第二部分是中国区域工业能源效率的测度；第三部分是中国区域工业能源效率的评价；第四部分是中国区域工业节能减排潜力分析；第五部分是本章的主要结论。

3.1 能源效率测度模型

3.1.1 环境技术集

对于工业生产部门不仅会产生期望产出，还会产生非期望产出。我们将既包含期望产出同时也包含非期望产出的生产可能性集合，称为环境技术集。

根据 Chung 等（1997）和 Fare（2007）对环境技术集的定义，假设生产单元表示为 $k=1, \cdots, K$，使用的 N 种投入要素表示为 $x=(x_1, \cdots, x_n)$，$x \in R_N^+$，M 种期望产出表示为 $y=(y_1, \cdots, y_m)$，$y \in R_M^+$，I 种非期望产出表示为 $b=(b_1, \cdots, b_i)$，$b \in R_I^+$。那么，环境技术集表示为：

$$T(x) = \{(x, y, b): x \text{ 能生产}(y, b)\} \qquad (3-1)$$

可用集合的形式描述为:

$$P(x) = \{(y, b): x \text{ 能生产}(x, y, b) \in T\} \qquad (3-2)$$

则环境技术的生产可能性集为:

$$T(x) = \{(x, y, b): (y, b) \in p(x), x \in R_N^+\} \qquad (3-3)$$

$P(x)$ 为有界闭集,其必须满足的假设条件如下:

其一,非期望产出的弱处置性(Weakly Disposable)。若 $(y, b) \in p(x)$,且 $0 < \theta < 1$,则 $(\theta y, \theta b) \in p(x)$。这意味着要限制非期望产出就必须牺牲期望产出,这样可以确保生产可能性边界的凸性。

其二,期望产出和非期望产出的零结合性(Null – Joint)。若 $(y, b) \in p(x)$,且 $b = 0$,则 $y = 0$。这意味着期望产出和非期望产出是同时产生的。它确保了生产可能性边界一定会经过原点。

其三,投入要素和期望产出的自由可处置性(Strong/Free Disposable)。若 $(y, b) \in p(x)$,且 $y^* \leq y$,或 $x^* \leq x$,则 $(y^*, b) \in p(x)$;$p(x) \subseteq p(x^*)$。

假设在每个时期为 $t = 1, \cdots, T$,第 $k = 1, \cdots, K$ 个观测值的投入产出为 $(x^{k,t}, y^{k,t}, b^{k,t})$。根据 Fare 等(1994),运用 DEA 方法将环境技术集变为:

$$P(x) = \{(y^t, b^t): \sum_{k=1}^{K} z_k^t y_{km}^t \geq y_m^t \quad m = 1, \cdots, M$$

$$\sum_{k=1}^{K} z_k^t b_{ki}^t = b_i^t \quad i = 1, \cdots, I\} \qquad (3-4)$$

式中,z_k^t 为密度向量,代表的是每个横截面观测值的权重,而 $\sum_{k=1}^{K} z_k^t = 1$ 与 $z_k^t \geq 0$ 则被解释为基于可变规模报酬的生产技术;如果没有 $\sum_{k=1}^{K} z_k^t = 1$ 这样的条件限制,那么表示的是规模报酬不变的生产技术集。

3.1.2 SBM – DEA 模型

(1) 经典的 SBM – DEA 模型

经典的数据包络分析(DEA)模型,如 CCR、BCC,都是鉴于 Farrell(1957)的效率测度思想,基于径向的(Radial)、角度的(Oriented)思路,但是该模型自身也是有所缺陷的,主要表现为它不能测算"松弛量"对效率评价的影响。Tone(2001)总结前人经验,创新性地提出了一个基于松弛变量的非径向、非角度效率评价模型(SBM – DEA 模型),而且在目标函数中考虑投入和产出的松弛量问题。如式(3 – 5)所示。

$$\rho^* = \min \frac{1 - \frac{1}{N}\sum_{n=1}^{N}\frac{s_n^x}{x_{kn}^t}}{1 + \frac{1}{M}\sum_{m=1}^{M}\frac{s_m^y}{y_{km}^t}}$$

$$\text{s.t.} \sum_{k=1}^{K} z_k^t x_{kn}^t + s_n^x = x_{kn}^t, n = 1, \cdots N$$

$$\sum_{k=1}^{K} z_k^t y_{kn}^t - s_m^y = y_{km}^t, m = 1, \cdots M$$

$$z_k^t \geq 0, s_n^x \geq 0, s_m^y \geq 0, k = 1, \cdots K \tag{3-5}$$

式中,(x_{kn}^t, y_{kn}^t) 是生产单位的 t 时期的投入产出值,(s_n^x, s_m^y) 是投入产出的松弛向量。

Tone(2001)提到,与传统 DEA(CCR、BCC)模型相比,SBM – DEA 模型将投入和产出这两者考虑在模型之内,并研究论证了当 CCR 模型的松弛量等于零,且 CCR 效率值≥SBM 效率值时,SBM – DEA 是技术有效的。

(2) 包含非期望产出的 SBM – DEA 模型

Cooper (2007) 认为，SBM – DEA 模型有两个主要特征：第一，指标关于每个投入产出项目的单位是不变的；第二，效率值对于每个投入产出的松弛是单调递减的。但这两条在现实中难以得到保证。Tone (2002) 构建了基于环境技术集且包含非期望产出的 SBM – DEA 模型，如下所示：

$$\rho^* = \min \frac{1 - \frac{1}{N}\sum_{n=1}^{N} \frac{s_n^x}{x_{kn}^t}}{1 + \frac{1}{M+I}\left(\sum_{m=1}^{M} \frac{s_m^y}{y_{km}^t} + \sum_{i=1}^{L} \frac{s_i^b}{b_{ki}^t}\right)}$$

$$\text{s.t.} \sum_{k=1}^{K} z_k^t x_{kn}^t + s_n^x = x_{kn}^t, n = 1, \cdots N$$

$$\sum_{k=1}^{K} z_k^t y_{kn}^t - s_m^y = y_{km}^t, m = 1, \cdots M \quad (3-6)$$

$$\sum_{k=1}^{K} z_k^t b_{ki}^t + s_i^b = b_{ki}^t, i = 1, \cdots I$$

$$z_k^t \geq 0, s_n^x \geq 0, s_m^y \geq 0, s_i^b \geq 0, k = 1, \cdots K$$

式 (3 – 6) 是包含非期望产出的规模报酬不变的 SBM – DEA 模型，其中，(x_{kn}^t, y_{kn}^t, b_{ki}^t) 表示 t 时期生产单位的投入产出值，(s_n^x, s_m^y, b_i^b) 表示投入产出的松弛向量。当 (s_n^x, s_m^y, b_i^b) ≥0 时，表示存在投入过度、期望产出不足和非期望产出过度。这里目标函数 ρ^* 关于 s_n^x、s_m^y、b_i^b 是严格递减的，并且 $0 < \rho^* \leq 1$。当且仅当 $\rho^* = 1$，即 $s_n^x = 0$、$s_m^y = 0$、$s_i^b = 0$ 时，被评价的生产单元完全有效率；$\rho^* < 1$ 表示生产单元效率不完全，存在效率损失，在投入和产出上还有一定的改进空间。目标函数的分子测度的是投入无效率程度，其分母测度的是产出无效率程度。

经典的 CCR 模型与 BBC 模型相比，包含非期望产出的 SBM –

DEA 模型的优点在于,目标函数中包含了松弛变量,可以合理有效解决投入或产出之间存在的非零松弛问题,同时也解决了生产过程所包含的非期望产出问题。

(3) 超效率 SBM – DEA 模型

$$\rho^* = \min \frac{1 - \frac{1}{N}\sum_{n=1}^{N}\frac{s_n^x}{x_{kn}^t}}{1 + \frac{1}{M}\sum_{m=1}^{M}\frac{s_m^y}{y_{km}^t}}$$

$$\text{s.t.} \sum_{k=1,k\neq j}^{K} z_k^t x_{kn}^t + s_n^x = x_{kn}^t, n = 1,\cdots N \quad (3-7)$$

$$\sum_{k=1,k\neq j}^{K} z_k^t y_{kn}^t - s_m^y = y_{km}^t, m = 1,\cdots M$$

$$z_k^t \geq 0, s_n^x \geq 0, s_m^y \geq 0, k = 1,\cdots K$$

式 (3-7) 是基于规模报酬不变 (CRS) 的超效率 SBM – DEA 模型,其中,(x_{kn}^t, y_{kn}^t) 表示 t 时期生产单位的投入产出值,而 (s_n^x, s_m^y) 表示投入产出的松弛向量。当 $(s_n^x, s_m^y) \geq 0$,则说明投入存在过度,期望产出不足。

与标准效率 SBM – DEA 模型不同的是,超效率 SBM – DEA 模型的被评价 DMU 将从参考集中剔除,被评价 DMU 的效率是参考其他 DMU 构成的前沿得出的,因此有效 DMU 的超效率值一般会大于 1,从而可以对有效 DMU 进行再区分。

(4) 包含非期望产出的超效率 SBM – DEA 模型

Tone (2002) 指出,包含非期望产出的 SBM – DEA 模型和其他 DEA 模型存在一个共性的问题,就是在决策单元评价过程中会出现多个决策单元都是有效的情况,也就是说计算出来的效率值都是 1,从而无法比较这些有效率的单元孰高孰低。尤其当投入和产出指标较多的时候,有效的决策单元个数往往很多。于是,为了解决所有决策单元的排序问题，Tone（2002）提出了包含非期望产出的超效率 SBM – DEA 模型，该模型的优点就是决策单元的效率评价值可以大于 1。其模型如下所示：

$$\rho^* = \min \frac{1 - \frac{1}{N}\sum_{n=1}^{N}\frac{s_n^x}{x_{kn}^t}}{1 + \frac{1}{M+I}\left(\sum_{m=1}^{M}\frac{s_m^y}{y_{km}^t} + \sum_{i=1}^{L}\frac{s_i^b}{b_{ki}^t}\right)}$$

$$\text{s.t.} \sum_{k=1,k\neq j}^{K} z_k^t x_{kn}^t + s_n^x = x_{kn}^t, n = 1,\cdots N$$

$$\sum_{k=1,k\neq j}^{K} z_k^t y_{kn}^t - s_m^y = y_{km}^t, m = 1,\cdots M \quad (3-8)$$

$$\sum_{k=1,k\neq j}^{K} z_k^t b_{ki}^t + s_i^b = b_{ki}^t, i = 1,\cdots I$$

$$z_k^t \geq 0, s_n^x \geq 0, s_m^y \geq 0, s_i^b \geq 0, k = 1,\cdots K$$

鉴于包含非期望产出的超效率 SBM – DEA 模型具有有效解决当投入要素和产出要素不能严格按比例变化，且投入和产出要素都存在冗余问题时，还可以对被评价单元的效率进行排序，且在分析中考虑了非期望产出。

因此，考虑非期望产出的超效率 SBM – DEA 模型有三个显著特性：①投入产出变量存在的松弛性问题得到了解决；②引入并处理了非期望产出问题；③合理解决了多个决策单元同时有效时的区分排序问题。因而，相比于其他 DEA 模型，考虑非期望产出的超效率 SBM – DEA 模型更能真实地反映区域工业能源效率评价的本质。因此，下面将利用包含非期望产出的超效率 SBM – DEA 模型进行工业全要素能源效率的测度和评价研究。

3.2 中国区域工业全要素能源效率的测度

3.2.1 投入产出指标说明及数据处理

全要素能源效率的测算基于区域工业的多投入多产出数据。由于西藏自治区能源数据缺失以及港澳台地区数据的不可获得性，本章选取了 1997~2012 年中国 30 个省、市、自治区（以下简称省）的工业劳动力投入、工业资本投资、工业能源消耗、期望产出（工业 GDP）、非期望产出（工业 CO_2 排放量）的面板数据作为样本进行分析。

（1）工业劳动力投入

国外学者在研究中，通常将劳动力用就业人员的有效劳动时间来衡量，鉴于中国缺乏平均工作时间的统计数据，本书采用国家历年《中国统计年鉴》中公布的工业当年就业人数予以替代，单位为万人。

（2）工业资本投资

参考张军等（2004）的研究成果，本书采用"永续盘存法"来估计每年的实际资本存量。计算公式为 $K_{i,t} = I_{i,t} + (1-\delta) K_{i,t-1}$，这里 $K_{i,t}$ 和 $I_{i,t}$ 分别代表地区 i 在第 t 年的资本存量和投资，δ 是地区 i 在第 t 年的固定资产折旧率。工业资本投资额来自《中国统计年鉴（1998~2013）》，采用平减指数法将资本存量换算为以 1997 年为基期计算的不变价格资本存量数值，单位为亿元。

（3）工业能源消耗

能源作为一种要素投入，是污染物排放的主要来源。虽然以可再生能源为代表的产量在不断上升，有效增加了全球能源供给。可是在较短的时期内，难以改变现有的以化石能源为主导消费的能源结构。因此，本书选取原煤、焦炭、原油、汽油、煤油、柴油、燃料油、天然气、电力 9 种能源，用各个区域中工业部门的终端能源消费的实物量来衡量，其数据来源于《中国能源统计年鉴（1998～2013）》分区域能源平衡表，由于 9 种能源都是以实物量统计的，按照表 3-1 中各种能源折算标准煤系数 T_i，能源消耗单位从各自实物量统一转化为标准煤，最终单位为万吨标准煤。

表 3-1　各种能源折算标准煤系数 T_i

品种	标准煤折算系数	品种	标准煤折算系数	品种	标准煤折算系数
原煤	0.7143tce/t	焦炭	0.9714tce/t	原油	1.4286tce/t
汽油	1.4714tce/t	煤油	1.4714tce/t	柴油	1.4571tce/t
燃料油	1.4286tce/t	天然气	13.300tce/$10^4 m^3$	电力	1.229 tce/$10^4 kw·h$

资料来源：根据《国家能源统计年鉴（2013）》整理得到。

（4）期望产出

工业 GDP 产出。选取《中国统计年鉴（1998～2013）》中各省的工业 GDP 数据，采用 GDP 平减指数法以 1997 年为基期不变价格进行换算，单位为亿元。

（5）非期望产出

工业二氧化碳排放量。根据联合国有关报告，要控制全球气候变暖，应对气候变化，应减少二氧化碳等温室气体的排放，大约 2/3 的温室气体排放来自于人类使用的煤炭、石油等化石能源，因此本书将工业二氧化碳排放量当作非期望产出。当前，官方统计数据中并未公布明确的二氧化碳排放量，需要通过相关数据进行推算。本书在测算 30 个省工业二氧化碳排放量时，选取中国 1997～2012 年 30 个省 9 种能源的消费量。本书采用蒋金荷（2011）提出的区域二氧化碳排放的估算方法，公式如下：

$$C_{rt} = \sum_{i=1}^{9} E_{irt} \times T_i \times F_i \times 44/12 \qquad (3-9)$$

式中，C_{rt} 表示第 r 个区域第 t 年能源消费引起的二氧化碳排放量；E_{irt} 表示第 r 个区域第 t 年第 i 类能源的消费量；T_i 表示第 i 类能源标准煤折算系数（见表 3-1）；F_i 表示中国第 i 类能源的碳排放系数，本书采用联合国政府间气候变化专门委员会 IPCC（2006）提供的碳排放系数（见表 3-2）。最终折算出的区域工业二氧化碳排放量，单位是万吨。

表 3-2 各种能源的碳排放系数 F_i（t 碳/tce）

能源	碳排放系数	能源	碳排放系数	能源	碳排放系数
原煤	0.7476	焦炭	0.1128	原油	0.5854
汽油	0.5532	煤油	0.3416	柴油	0.5913
燃料油	0.6176	天然气	0.4479	电力	2.2132

资料来源：通过 IPCC（2006）和中国热值转标准煤系数相乘得到。

工业劳动力投入、工业资本投资、工业能源消耗、期望产出（工业 GDP）和非期望产出（工业二氧化碳排放量）的描述性统计见表 3-3。

表3-3　1997~2012年中国区域工业投入产出指标描述性统计

指标	区域	时间	最大值	最小值	均值	中位数	标准差
工业劳动力投入	30	16	2354.83	31.10	561.75	364.09	498.27
工业资本投资	30	16	2748.20	14.69	461.48	230.91	540.22
工业能源消耗	30	16	15908.94	117.02	3320.98	2595.31	2739.28
工业GDP产出	30	16	4127.56	49.30	1088.79	744.76	931.78
工业二氧化碳排放量	30	16	52819.18	315.27	11280.76	8743.08	9380.42

资料来源：根据SPSS软件描述性统计得到。

3.2.2 区域工业全要素能源效率的测度结果

本书所采用的检验方法是Spearman相关性检验法，通过对各投入、产出指标的同向性检验。其检验结果（见表3-4）表明，各个区域工业投入与产出的两两相关系数均为正，且都为1%的显著性水平，相关系数均较高。而且从相关系数上不难看出，工业二氧化碳排放与工业资本、能源两要素的相关系数分别大于工业GDP与工业资本、能源两要素的相关系数。因此，以往的投入产出体系中只考虑期望产出是不合理的。在投入产出体系中，工业二氧化碳排放作为非期望产出是不能忽视的。

将区域工业全要素能源效率记为TFEE，将考虑非期望产出二氧化碳排放后的区域的工业全要素能源效率记为ETFEE，根据超效率SBM-DEA模型（3-7）与包含非期望产出的超效率SBM-DEA模型（3-8），分别得到全要素能源效率值测算结果，见表3-5及表3-6。

表 3-4 投入产出的 Spearman 相关性检

投入产出指标	工业资本	工业劳动力	工业能源	工业 GDP	工业二氧化碳
工业资本	1	0.661** (0.000)	0.831** (0.000)	0.630** (0.000)	0.850** (0.000)
工业劳动力	0.661** (0.000)	1	0.803** (0.000)	0.877** (0.000)	0.808** (0.000)
工业能源	0.831** (0.000)	0.803** (0.000)	1	0.747** (0.000)	0.982** (0.000)
工业 GDP	0.630** (0.000)	0.877** (0.000)	0.747** (0.000)	1	0.758** (0.000)
工业二氧化碳	0.850** (0.000)	0.808** (0.000)	0.982** (0.000)	0.758** (0.000)	1

注：括号内为 P 值，**表示1%的显著性水平。

资料来源：SPSS 软件相关性分析得到。

表 3-5 1997~2012 年各时期平均全要素能源效率 TFEE 的测算结果

区域	1997~2000 年	2001~2005 年	2006~2010 年	2011 年	2012 年	历年平均	排名
北京	0.512	0.830	1.000	1.131	1.119	0.841	12
天津	0.681	0.788	0.800	1.000	1.000	0.791	15
河北	0.568	0.607	0.641	0.658	0.637	0.613	21
山西	0.444	0.356	0.509	0.507	0.464	0.442	28
内蒙古	0.485	0.322	0.723	1.000	0.388	0.535	24
辽宁	0.560	0.703	0.716	0.544	0.541	0.651	20
吉林	0.546	0.500	0.552	0.533	0.545	0.532	25
黑龙江	0.932	0.984	1.029	1.000	0.910	0.982	5
上海	1.000	1.061	1.145	1.081	1.000	1.070	1
江苏	1.000	1.003	1.000	1.000	1.000	1.001	3

续表

区域	1997~2000年	2001~2005年	2006~2010年	2011年	2012年	历年平均	排名
浙江	1.048	0.978	1.000	1.000	1.000	1.005	2
安徽	0.534	0.738	1.000	1.000	1.000	0.802	14
福建	1.033	0.981	0.945	1.000	1.000	0.985	4
江西	0.933	0.941	1.000	1.000	1.000	0.965	7
山东	0.859	0.943	0.963	1.000	0.984	0.934	8
河南	0.877	0.808	0.825	1.000	1.000	0.855	10
湖北	0.535	0.638	0.899	1.000	1.000	0.739	18
湖南	0.796	0.828	0.805	1.000	1.000	0.834	13
广东	1.027	0.980	0.929	1.000	1.000	0.978	6
广西	0.675	0.767	0.991	1.000	1.000	0.843	11
海南	0.834	0.516	0.386	0.513	0.587	0.559	23
重庆	0.388	0.731	0.962	1.000	1.000	0.751	16
四川	0.674	0.829	0.993	1.000	1.000	0.863	9
贵州	0.467	0.391	0.473	0.728	0.650	0.473	27
云南	0.563	0.639	0.708	0.764	0.743	0.656	19
陕西	0.742	0.733	0.706	0.875	0.917	0.747	17
甘肃	0.526	0.541	0.623	0.727	0.635	0.580	22
青海	0.510	0.533	0.460	0.450	0.371	0.489	26
宁夏	0.358	0.267	0.415	0.371	0.362	0.348	30
新疆	0.456	0.455	0.312	0.242	0.197	0.381	29

资料来源：按照模型（3-7）测算得到。

表3-5给出了TFEE在"九五"时期（1997~2000年）、"十五"时期（2001~2005年）、"十一五"时期（2006~2010年）和

1997～2012 年历年的平均值以及 2011 年、2012 年的当年值。由 1997～2012 年历年的平均值形成的排名可以看出，在 30 个省中处于生产前沿面上的有效省份（TFEE 历年平均值大于等于 1）有 3 个，分别是上海市（1.070）、浙江省（1.005）和江苏省（1.001），均是东部沿海地区。TFEE 历年平均值介于 [0.9，1) 的省份共有 5 个，分别是福建省（0.985）、黑龙江省（0.982）、广东省（0.978）、江西省（0.965）、山东省（0.934）。TFEE 历年平均值介于 [0.8，0.9) 的省份共有 6 个，分别是四川省（0.863）、河南省（0.855）、广西壮族自治区（0.843）、北京市（0.841）、湖南省（0.834）、安徽省（0.802）。TFEE 历年平均值介于 [0.6，0.8) 的省份共有 7 个，分别是天津市（0.791）、重庆市（0.751）、陕西省（0.747）、湖北省（0.739）、云南省（0.656）、辽宁省（0.651）、河北省（0.613）。TFEE 历年平均值小于 0.6 的省份共有 9 个，分别是甘肃省（0.580）、海南省（0.559）、内蒙古自治区（0.535）、吉林省（0.532）、青海省（0.489）、贵州省（0.473）、山西省（0.442）、新疆维吾尔自治区（0.381）、宁夏回族自治区（0.348）。

从"九五"时期的能源效率平均值大小来看，在 30 个省份中处于生产前沿面上的有效省份有 5 个，分别是浙江省（1.048）、福建省（1.033）、广东省（1.027）、上海市（1.000）和江苏省（1.000）。在"十五"时期，30 个省份中处于生产前沿面上的有效省份有 2 个，分别是上海市（1.061）、江苏省（1.003）。在"十一五"时期，30 个省中处于生产前沿面上的有效省份有 7 个，分别是上海市（1.145）、黑龙江省（1.029）、浙江省（1.000）、江苏省（1.000）、江西省（1.000）、北京市（1.000）、安徽省（1.000）。

30 个省份中 1997～2012 年每年都处于生产前沿面上的有效省份

是上海市和江苏省。

工业全要素能源效率 TFEE 的历年平均值较低的后 5 个省份分别为宁夏回族自治区（0.348）、新疆维吾尔自治区（0.381）、山西省（0.442）、贵州省（0.473）和青海省（0.489），这些区域是节能减排的重点关注区域。

表 3-6　1997~2012 年各时期平均全要素能源效率 ETFEE

区域	1997~2000年	2001~2005年	2006~2010年	2011年	2012年	历年平均	排名
北京	0.461	0.708	1.000	1.131	1.119	0.790	7
天津	0.581	0.660	0.754	1.000	1.000	0.712	8
河北	0.403	0.460	0.291	0.228	0.231	0.364	22
山西	0.249	0.191	0.232	0.216	0.205	0.221	27
内蒙古	0.307	0.237	0.708	1.000	0.388	0.459	18
辽宁	0.508	0.594	0.541	0.423	0.425	0.535	12
吉林	0.321	0.340	0.324	0.315	0.327	0.328	23
黑龙江	0.920	0.982	0.889	1.000	0.910	0.934	3
上海	1.000	1.000	1.000	1.000	1.000	1.000	1
江苏	1.000	0.901	0.716	0.640	0.663	0.837	6
浙江	0.989	0.900	0.801	0.776	0.771	0.876	4
安徽	0.442	0.472	0.561	0.598	0.594	0.508	14
福建	1.001	0.912	0.696	0.685	0.694	0.839	5
江西	0.744	0.657	0.568	0.509	0.500	0.632	10
山东	0.778	0.681	0.544	0.522	0.497	0.641	9
河南	0.545	0.507	0.396	0.404	0.445	0.471	17
湖北	0.448	0.488	0.503	0.466	0.448	0.479	15
湖南	0.716	0.604	0.437	0.514	0.504	0.568	11

续表

区域	1997~2000年	2001~2005年	2006~2010年	2011年	2012年	历年平均	排名
广东	0.998	0.954	0.908	0.925	0.925	0.947	2
广西	0.594	0.504	0.519	0.521	0.513	0.533	13
海南	0.379	0.202	0.230	0.159	0.162	0.250	25
重庆	0.282	0.397	0.420	0.458	0.517	0.386	20
四川	0.404	0.477	0.499	0.516	0.561	0.473	16
贵州	0.201	0.170	0.170	0.173	0.166	0.178	29
云南	0.629	0.428	0.302	0.283	0.286	0.421	19
陕西	0.392	0.402	0.353	0.291	0.293	0.370	21
甘肃	0.286	0.300	0.257	0.237	0.218	0.274	24
青海	0.205	0.210	0.156	0.132	0.113	0.181	28
宁夏	0.174	0.103	0.120	0.098	0.098	0.125	30
新疆	0.302	0.276	0.172	0.129	0.111	0.231	26

资料来源：按照模型（3-8）测算得到。

1997~2012年，各区域的工业全要素能源效率TFEE的年均值标准差为0.205。考虑非期望产出二氧化碳排放后，各区域的工业全要素能源效率ETFEE值的年均值标准差为0.250左右。相比较而言，区域工业全要素能源效率ETFEE历年平均值个体差异较大。

由表3-6可以看出，按照1997~2012年历年的平均值形成的排名，在30个省中处于生产前沿面上的有效省份（ETFEE历年平均值大于等于1）只有上海市（1.000）。ETFEE历年平均值介于[0.9，1)的省份共有2个，分别是广东省（0.947）、黑龙江省（0.934）。ETFEE历年平均值介于[0.8，0.9)的省份共有3个，分别是浙江省（0.876）、福建省（0.839）、江苏省（0.837）。ETFEE历年平均值介于[0.6，0.8)的省共有4个，分别是北京市（0.790）、天津市（0.712）、山东省（0.641）、江西省（0.632）。ETFEE 历年平均值介于 [0.5, 0.6) 的省共有 4 个，分别是湖南省（0.568）、辽宁省（0.535）、广西壮族自治区（0.533）、安徽省（0.508）。ETFEE 历年平均值小于 0.5 的省共有 16 个，湖北省（0.479）、四川省（0.473）、河南省（0.471）、内蒙古自治区（0.459）、云南省（0.421）、重庆市（0.386）、陕西省（0.370）、河北省（0.364）、吉林省（0.328）、甘肃省（0.274）、海南省（0.250）、新疆维吾尔自治区（0.231）、山西省（0.221）、青海省（0.181）、贵州省（0.178）、宁夏回族自治区（0.125）。

从"九五"时期的能源效率平均值大小来看，在 30 个省中处于生产前沿面上的有效省有 3 个，分别是福建省（1.001）、上海市（1.000）和江苏省（1.000）。在"十五"时期，30 个省中处于生产前沿面上的有效省份只有上海市（1.000）。在"十一五"时期，30 个省中处于生产前沿面上的有效省份有 2 个，分别是上海市（1.000）和北京市（1.000）。

30 个省中 1997~2012 年每年都处于生产前沿面上的有效省份只有上海市。

工业全要素能源效率 ETFEE 历年平均值较低的后 5 个省分别为宁夏回族自治区（0.125）、贵州省（0.178）、青海省（0.181）、山西省（0.221）和新疆维吾尔自治区（0.231），其中平均效率最低的是宁夏回族自治区。全要素能源效率 ETFEE 较低区域的节能减排潜力较大。

3.3 中国区域工业全要素能源效率的评价

3.3.1 两种测度结果的对比分析

根据表 3-5 和表 3-6 的测算结果，可以绘制出中国区域工业全要素能源效率的走势图（包括 ETFEE 走势图和 TFEE 走势图）和对比图，分别如图 3-1、图 3-2 和图 3-3 所示。

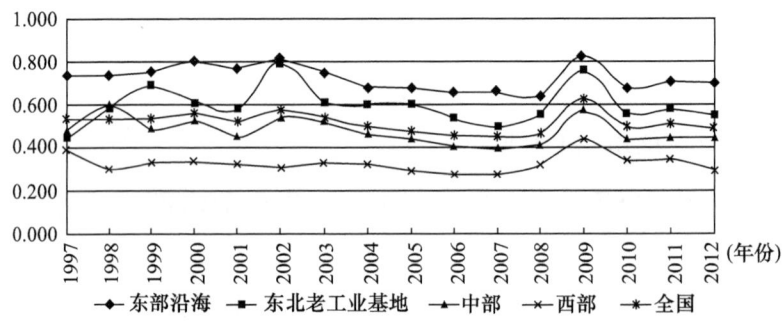

图 3-1　中国区域工业全要素能源效率 ETFEE 走势

由图 3-1 的中国区域 ETFEE 走势可见，ETFEE 按照由大到小的区域顺序依次是东部沿海区域、东北老工业基地、中部、西部。其中东部沿海区域和东北老工业基地的 ETFEE 均高于全国水平，中部和西部的 ETFEE 均低于全国水平。不论是全国还是四大经济区域，ETFEE 随时间的变化趋势有类似性，ETFEE 产生明显拐点变化的年份是在 2009 年。

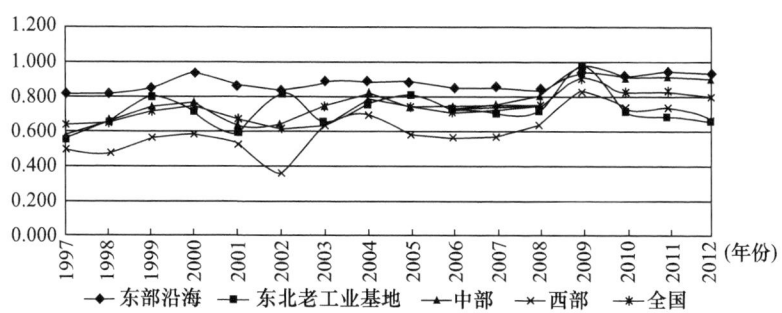

图 3－2　中国区域工业全要素能源效率 TFEE 走势

由图 3－2 的中国区域 TFEE 走势可见，相比于 ETFEE，TFEE 无论是在全国还是在区域层面，其能源效率值都提高了，这是由于 TFEE 在计算时没有考虑非期望产出二氧化碳排放导致的。TFEE 按照由大到小的区域顺序依次是东部沿海区域、中部、东北老工业基地、西部。其中，东部沿海区域和中部的 ETFEE 均高于全国水平，东北老工业基地和西部的 ETFEE 均低于全国水平。相比于 ETFEE，TFEE 的区域差异相对较小，产生明显拐点变化的年份也是在 2009 年。

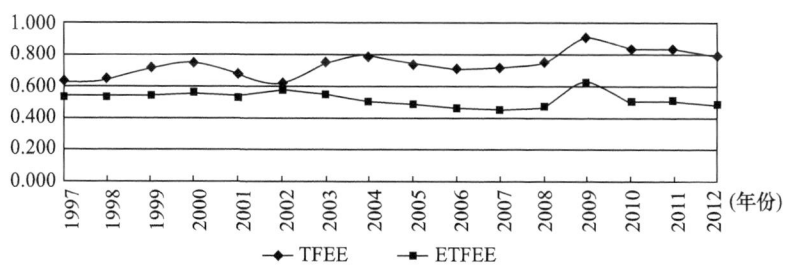

图 3－3　1997~2012 年全国全要素能源效率 ETFEE 和 TFEE 对比

图 3-3 显示的是全国全要素能源效率 ETFEE 和 TFEE1997~2012 年历年平均值。考虑二氧化碳排放后，全要素能源效率明显降低。相比较而言，ETFEE 变化走势比较平稳。ETFEE 全要素能源效率出现变化的两个明显拐点分别是在 2002 年和 2009 年。

表 3-7 1997~2012 年全国全要素能源效率对比

全要素能源效率	1997~2000 年	2001~2005 年	2006~2010 年	2011 年	2012 年
TFEE	0.686	0.713	0.784	0.837	0.802
ETFEE	0.542	0.524	0.502	0.512	0.490

由表 3-7 可知，全国 30 个省份包含二氧化碳碳排放的工业全要素能源效率（ETFEE）平均值比（TFEE）平均值低 0.223，这表明不考虑非期望产出二氧化碳的各省份的全要素能源效率 TFEE 被高估。全国 ETFEE 历年平均值的标准差为 0.046，而 TFEE 全国历年平均值的标准差为 0.080，相比较而言，全国 ETFEE 随时间的波动更小一些。

从"九五""十五""十一五"三个时期的全国能源效率平均值来看，不考虑二氧化碳排放的全要素能源效率值 TFEE 在"九五""十五""十一五"三个时期是逐渐提高的，而考虑二氧化碳排放后全要素能源效率 ETFEE 在"九五""十五""十一五"三个时期是逐渐降低的。

3.3.2 两种测度结果的聚类分析

采用 SPSS 21.0 软件对全国 30 个省份的二氧化碳排放约束下的

工业全要素能源效率 ETFEE 和不考虑二氧化碳排放下的工业全要素能源效率 TFEE 分别进行系统聚类分析,将其划分为能源高效区、中效区和低效区。

表 3-8 ETFEE 与 TFEE 聚类结果对比

区域	ETFEE	TFEE
能源高效区	北京、黑龙江、上海、江苏、浙江、福建、广东	北京、天津、黑龙江、上海、江苏、浙江、安徽、福建、江西、山东、河南、湖北、湖南、广东、广西、重庆、四川、陕西
能源中效区	天津、河北、内蒙古、辽宁、吉林、安徽、江西、山东、河南、湖北、湖南、广西、重庆、四川、云南、陕西	河北、山西、内蒙古、辽宁、吉林、海南、贵州、云南、甘肃、青海
能源低效区	山西、海南、贵州、甘肃、青海、宁夏、新疆	宁夏、新疆

由表 3-8 聚类结果可知,ETFEE 与 TFEE 的聚类结果存在的差异较大,在不考虑二氧化碳排放约束的条件下,全要素能源效率明显被高估。在考虑二氧化碳排放约束下,处于能源高效区的省(直辖市、自治区)比不考虑二氧化碳排放约束时少了 11 个省份,并且除了黑龙江省,其余 6 个省份都属于东部沿海区域。由此可见,与其他区域相比,东部沿海区域的 6 个省(直辖市)(北京市、上海市、江苏省、浙江省、福建省、广东省)的工业全要素能源效率处于理想的水平;中效区共有天津市、河北省、内蒙古自治区、辽宁省、吉林省、安徽省、江西省、山东省、河南省、湖北省、湖南省、

广西壮族自治区、重庆市、四川省、云南省、陕西省 16 省（直辖市、自治区），多数是中西部的省（直辖市、自治区），这部分区域工业能源效率有待提高；处于低效区的省（自治区）有山西省、海南省、贵州省、甘肃省、青海省、宁夏回族自治区、新疆维吾尔自治区 7 个，这些省（自治区）工业能源效率较低，存在严重的能源浪费或二氧化碳排放问题，是节能减排的重点治理区域。

3.4 中国区域工业节能减排潜力分析

3.4.1 节能减排模型

利用超效率 SBM – DEA 模型及包含非期望产出的超效率 SBM – DEA 模型，可以测算出能源投入冗余量和二氧化碳过度排放量。依照 Hu 和 Wang（2006）、魏楚等（2010）对能源效率的定义，有如下公式：

$$TFEE_{i,t} = \frac{TEI_{i,t}}{E_{i,t}} = \frac{E_{i,t} - LEI_{i,t}}{E_{i,t}} \qquad (3-10)$$

式中，$TFEE_{i,t}$ 表示第 i 个区域在第 t 个时期的全要素能源效率，当投入产出体系中包含二氧化碳时，则全要素能源效率记作 $ET\text{-}FEE_{i,t}$；$TEI_{i,t}$（Target Energy Input）表示第 i 个区域在第 t 个时期的最优生产前沿面上目标点的能源投入量；$E_{i,t}$ 表示第 i 个区域在第 t 个时期的实际能源投入；$LEI_{i,t}$（Loss Energy Input）表示第 i 个区域在

第 t 个时期的相对于最优生产前沿的能源过度投入量,即为能源投入的松弛量。

按照式(3-10)计算得出能源投入的松弛量 $LEI_{i,t}$,从而可以计算第 i 个区域在第 t 个时期的节能潜力 $SPE_{i,t}$(Saving Potential of Energy)。计算公式如下:

$$SPE_{i,t} = \frac{LEI_{i,t}}{E_{i,t}} \quad (3-11)$$

同理,可以基于非期望产出的超效率 SBM-DEA 模型,测算出第 i 个区域在第 t 个时期的减排潜力。

$$APP_{i,t} = \frac{AP_{i,t} - TP_{i,t}}{AP_{i,t}} \quad (3-12)$$

式中,$TP_{i,t}$(Target Pollution)表示第 i 个区域在第 t 个时期的最优生产前沿面上目标点的二氧化碳排放量。$AP_{i,t}$(Actural Polltaion)表示第 i 个区域在第 t 个时期的实际二氧化碳排放量。$SPE_{i,t}$ 与 $APP_{i,t}$ 的数值越大,说明该区域的节能减排潜力很大,是节能减排的重点区域。

3.4.2 区域工业节能潜力评价

节能潜力用区域潜在可节约能源量与实际能源消费量的比值来表示。比值越大意味着要素配置越不合理,能源利用率越不高,即该地区通过技术改进,获得的节能空间和潜力也越大。基于包含二氧化碳排放的超效率 SBM-DEA 模型以及式(3-11),可算出各省份可节约能源量、可节约能源量占全国相对比重以及节能潜力,其结果见表 3-9。

表3-9 1997~2012年中国各区域节能情况

区域	可节约能源年均值	占全国可节省能源比重（%）	节能潜力年均值	排序
北京	265.804	0.006	0.210	24
天津	379.168	0.008	0.288	23
河北	6029.222	0.128	0.636	9
山西	3906.257	0.083	0.779	4
内蒙古	1426.425	0.030	0.541	13
辽宁	2434.794	0.052	0.465	19
吉林	1686.108	0.036	0.672	8
黑龙江	141.060	0.003	0.066	28
上海	0.000	0.000	0.000	30
江苏	1516.900	0.032	0.163	25
浙江	643.532	0.014	0.124	27
安徽	1656.911	0.035	0.492	17
福建	574.766	0.012	0.161	26
江西	705.825	0.015	0.368	21
山东	3563.041	0.076	0.359	22
河南	3434.663	0.073	0.529	14
湖北	2513.939	0.053	0.521	16
湖南	1684.227	0.036	0.432	20
广东	377.894	0.008	0.053	29
广西	1065.983	0.023	0.467	18
海南	295.213	0.006	0.750	6
重庆	1262.082	0.027	0.614	11
四川	2246.453	0.048	0.527	15
贵州	1844.490	0.039	0.822	2
云南	1575.850	0.034	0.579	12
陕西	1426.340	0.030	0.630	10
甘肃	1159.168	0.025	0.726	7
青海	534.928	0.011	0.819	3
宁夏	987.668	0.021	0.875	1
新疆	1680.261	0.036	0.769	5

资料来源：根据式（3-10）计算得到。

由表3-9可知，上海市处于最优前沿面上，其可节约能源量为零，但这不能证明上海市不存在能源浪费，同其他省份相比，只能说明当前技术条件下上海市不太可能实施能源的深层次节约。不同省份的节能潜力差异较大，宁夏回族自治区（87.5%）、贵州省（82.2%）、青海省（81.9%）、山西省（77.9%）、新疆维吾尔自治区（76.9%）、海南省（75%）、甘肃省（72.6%）、吉林省（67.2%）、河北省（63.6%）、陕西省（63%）、重庆市（61.4%）、云南省（57.9%）、内蒙古自治区（54.1%）、河南省（52.9%）、四川省（52.7%）、湖北省（52.1%）这 16 个省（直辖市、自治区）的节能减排潜力超过 50%，这说明因工业基础水平、资源禀赋以及各地发展战略等因素存在的差异，这些区域中一半以上的能源资源存在浪费现象。从各区域可节约能源量的大小占全国的比重来看，河北省（12.8%）、山西省（8.3%）、山东省（7.6%）、河南省（7.3%）、湖北省（5.3%）、辽宁省（5.2%）是节能重点省份，这几个省份的可节省能源量占全国比重均超过了 5%。综合可节约能源比重和节能潜力来看，节能减排需要重点关注的省份是河北省、山西省、河南省和湖北省。这 4 个省份可节约能源占全国比重和节能潜力都很高。此外，从全国来看，1997～2012 年全国平均可节约能源投入为 47018.973 万吨标准煤，1997～2012 年全国投入能源年平均值为 99852.56 万吨标准煤，这意味着由于能源效率低下和要素配置不合理，全国平均每年有 47.09% 的能源被浪费；从区域比较分析来看，从可节约能源的规模和比重来看，最高为西部区域（32.3%），其次为中部（29.6%）和东部（29.0%），东北老工业基地（9.1%）可节约能源的规模和比重最低；从节能潜力来看，最高为西部区域（67.0%），其次是中部区域（52.0%）和东北老工业基地（40.1%），最后是东部区域（27.5%）。

图 3-4 中显示了全国 30 个省份 1997～2012 年可节约能源历年

平均值的空间分布。可节约能源量在地理版图上呈现出由边缘到中心依次递增的趋势。可节约能源量最少的省份是上海市、青海省、天津市、黑龙江省、北京市、浙江省、广东省、福建省和浙江省。除了青海省和黑龙江省，其余都是东部沿海省份。可节约能源量最多的省份是河北省、山西省、山东省、河南省、湖北省、贵州省、江苏省、辽宁省，均是中部和东部区域。

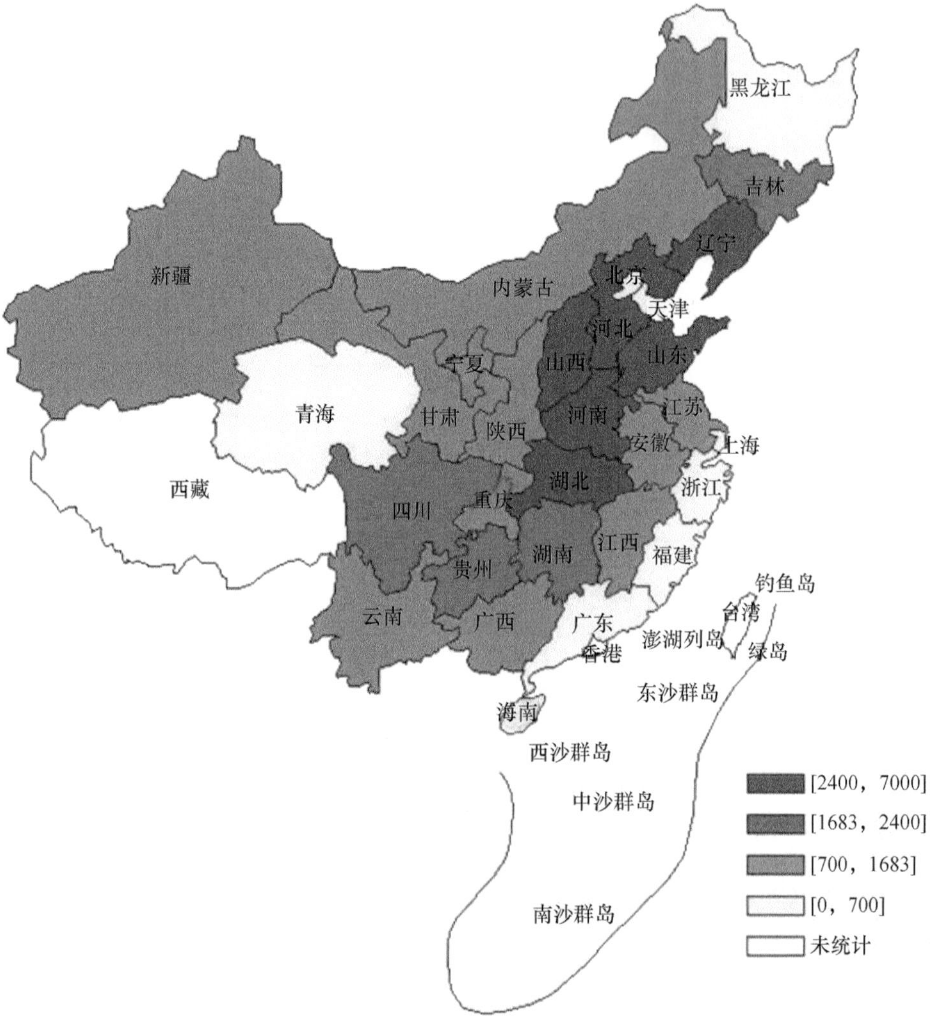

图3-4 1997~2012年可节约能源量空间分布示意图

3.4.3 区域工业减排潜力评价

根据包含非期望产出的超效率 SBM – DEA 模型以及式（3 – 12），可计算出 1997～2012 年中国各个省的工业减排潜力，如表 3 – 10 所示。

表 3 – 10 1997～2012 年中国各地区减排潜力

区 域	可减少二氧化碳年均值	占全国可减排比重（%）	减排潜力	排序
北 京	438.000	0.003	0.129	28
天 津	967.286	0.007	0.236	23
河 北	12725.693	0.089	0.522	12
山 西	9878.971	0.069	0.694	6
内蒙古	4969.063	0.035	0.531	10
辽 宁	6081.533	0.043	0.394	19
吉 林	4720.520	0.033	0.609	8
黑龙江	366.769	0.003	0.052	29
上 海	0.000	0.000	0.000	30
江 苏	6428.893	0.045	0.181	25
浙 江	5315.776	0.037	0.224	24
安 徽	4219.255	0.030	0.396	18
福 建	2186.649	0.015	0.168	26
江 西	1674.563	0.012	0.257	22
山 东	11417.007	0.080	0.335	21
河 南	11230.044	0.079	0.488	14
湖 北	6797.989	0.048	0.442	15
湖 南	4925.318	0.035	0.377	20
广 东	4221.149	0.030	0.137	27
广 西	3520.466	0.025	0.433	16
海 南	761.534	0.005	0.676	7
重 庆	3308.602	0.023	0.526	11
四 川	5443.102	0.038	0.412	17
贵 州	6692.988	0.047	0.816	3
云 南	4476.122	0.031	0.507	13

续表

区 域	可减少二氧化碳年均值	占全国可减排比重（%）	减排潜力	排序
陕 西	4281.547	0.030	0.573	9
甘 肃	4291.238	0.030	0.723	5
青 海	2569.332	0.018	0.859	2
宁 夏	3987.192	0.028	0.876	1
新 疆	4710.898	0.033	0.725	4

资料来源：根据式（3-11）测算得出。

由表3-10可知，上海市处在最优的生产前沿面上，减排量等于零。从全国整体情况来看，1997~2012年全国年均可减少二氧化碳减排量为142607.5万吨，占实际排放量（339034.8）的42.06%，表明每年有42.06%二氧化碳属于过度排放。从四大经济区域的减排潜力来看，西部区域最高（63.5%），其次是中部区域（44.2%）和东北老工业基地（35.2%），最低的是东部区域（26.1%）。从可减少的二氧化碳量占全国的比重来看，西部区域最高（33.8%），其次是东部区域（31.2%）和中部区域（27.2%），最低的是东北老工业基地（7.8%）。减排潜力超过50%的省份有13个：宁夏回族自治区（87.6%）、青海省（85.9%）、贵州省（81.6%）、新疆维吾尔自治区（72.5%）、甘肃省（72.3%）、山西省（69.4%）、海南省（67.6%）、吉林省（60.9%）、陕西省（57.3%）、内蒙古自治区（53.1%）、重庆市（52.6%）、河北省（52.2%）、云南省（50.7%），这些省份地区的碳排放有较大的改善空间。从可减排量的大小占全国比重来看，比重超过4%的省份依次是河北省（8.9%）、山东省（8%）、河南省（7.9%）、山西省（6.9%）、湖北省（4.8%）、贵州省（4.7%）、江苏省（4.5%）和辽宁省

(4.3%)。从综合减排潜力和可减少二氧化碳排放量占全国比重来看，减排重点关注的省份是河北省、山西省和贵州省。

图3-5中显示了全国30省1997~2012年可减少二氧化碳量历年平均值的空间分布。可节减少二氧化碳量在地理版图上呈现出由边缘到中心依次递增的趋势。可节约减少二氧化碳量最少的省（直辖市）是海南省、上海市、北京市、黑龙江省。可减少二氧化碳量最多的省份是河北省、山西省、山东省、河南省、湖北省，均属于是中部区域。

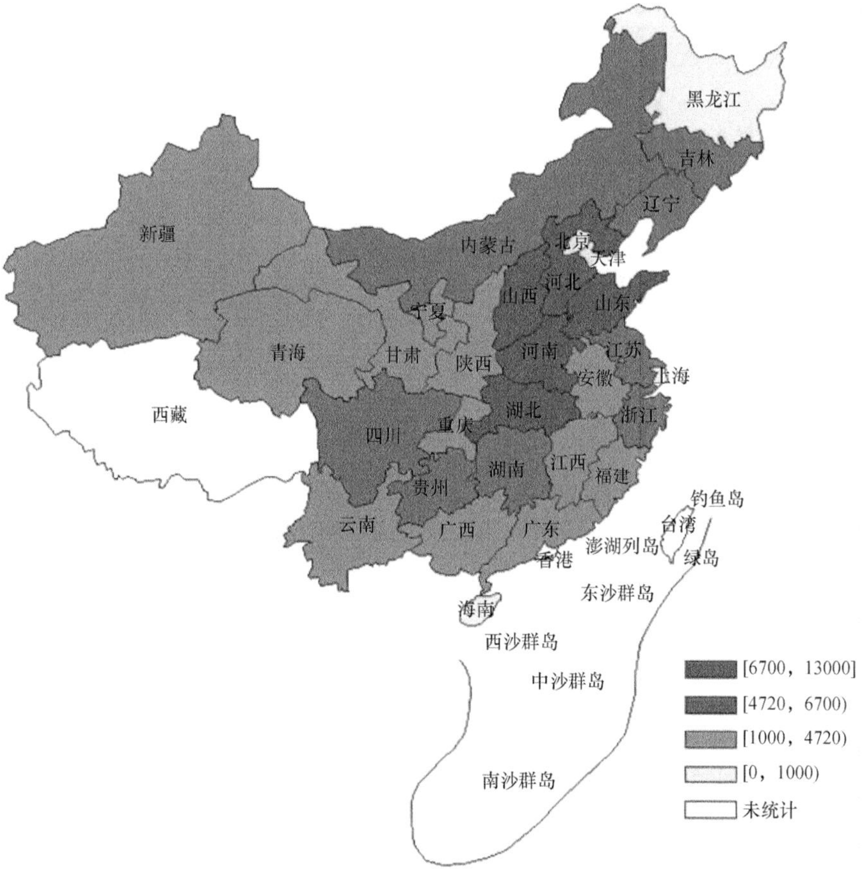

图3-5　1997~2012年可减少二氧化碳量空间分布示意图

3.5 本章小结

本章将 9 种能源和二氧化碳排放纳入生产函数的投入产出分析中，利用统计得出 1997～2010 年的中国 30 个省份工业经济投入产出面板数据，运用包含非期望产出的超效率 SBM – DEA 模型，对各省份的全要素能源效率和节能减排潜力进行了测度和分析评价，主要结论如下：

其一，与没有考虑二氧化碳排放测算的工业全要素能源效率（TFEE）相比，全国 30 个省份包含二氧化碳碳排放的工业全要素能源效率（ETFEE）平均值比（TFEE）平均值低 0.223，这表明不考虑碳排放的各省份的全要素能源效率 TFEE 存在过高估计的现象。全国 ETFEE 历年平均值的标准差为 0.046，而 TFEE 全国历年平均值的标准差为 0.080。相比较而言，全国 ETFEE 随时间的波动更小一些。从"九五""十五""十一五"三个时期全国能源效率平均值来看，不考虑二氧化碳排放的全要素能源效率值 TFEE 在"九五""十五""十一五"三个时期是逐渐提高的，而考虑二氧化碳排放后全要素能源效率 ETFEE 在"九五""十五""十一五"三个时期是逐渐降低的。

其二，考虑二氧化碳排放后全要素能源效率 ETFEE 按照由大到小的区域顺序依次是东部沿海区域、东北老工业基地、中部、西部。其中东部沿海区域和东北老工业基地的 ETFEE 均高于全国水平，中部和西部的 ETFEE 均低于全国水平。区域工业全要素能源效率的评价表明，1997~2012年上海市的工业全要素能源利率表现最佳，始终处于生产前沿面上。全要素能源效率较高的省（直辖市）有北京市、黑龙江省、江苏省、浙江省、福建省、广东省。全要素能源效率的平均值最低的省（自治区）分别为山西省、海南省、贵州省、甘肃省、青海省、宁夏回族自治区、新疆维吾尔自治区。

其三，从可节约能源的规模和比重来看，最高为西部区域（32.3%），其次为中部（29.6%）和东部（29.0%），东北老工业基地（9.1%）可节约能源的规模和比重最低。从节能潜力来看，最高为西部区域（67.0%），其次是中部区域（52.0%）和东北老工业基地（40.1%），最后是东部区域（27.5%）。综合可节约能源比重和节能潜力来看，节能需要重点关注的省份是河北省、山西省、河南省和湖北省。

从四大经济区域的减排潜力来看，西部区域最高（63.5%），其次是中部区域（44.2%）和东北老工业基地（35.2%），最低的是东部区域（26.1%）。从可减少的二氧化碳量占全国的比重来看，西部区域最高（33.8%），其次是东部区域（31.2%）和中部区域（27.2%），最低的是东北老工业基地（7.8%）。综合减排潜力和可减少二氧化碳排放量占全国比重来看，减排重点关注的省份是河北省、山西省和贵州省。

第 4 章

中国工业全要素能源效率空间差异收敛性分析

由第 3 章区域工业能源效率在考虑二氧化碳排放前后的对比分析可以发现，在二氧化碳排放约束下计算出来的工业全要素能源效率是有区域差异的，那么，区域差异究竟是收敛还是发散？四大经济区域之间的差异情况是否一致？各个区域内部省份之间的差异是否存在？为了回答这些问题，本章以 1997~2012 年包含非期望产出二氧化碳的区域工业全要素能源效率为研究对象，通过构建中国区域工业全要素能源效率的 σ 收敛、绝对 β 收敛、条件 β 收敛和俱乐部收敛四种面板数据模型，对中国东部沿海、东北老工业基地、中部和西部四大经济区域进行能源效率分析，对四大经济区域能源效率的差异性进行实证研究。本章主要是由四部分构成的，第一部分是介绍有关收敛性分析方法；第二部分是基于四种收敛性方法构建的中国区域工业全要素能源效率收敛模型；第三部分是基于收敛性方法计算结果的区域差异分析；第四部分是本章的主要结论。

4.1 收敛性分析方法

在发展水平存在差异的各个经济体之间,落后区域的发展速度要优于发达区域,然而不同区域的人均收入水平有趋于一致的情况,称为收敛。收敛的分析方法主要有四种,即 σ 收敛、绝对 β 收敛、条件 β 收敛和俱乐部收敛。

4.1.1 σ 收敛

σ 收敛指的是随着时间的变化,分布的离散程度是不同的,其经济意义是不同的经济体之间人均收入的离差因时间的变化而逐渐下降。若 $\sigma(t+T) < \sigma(t)$,说明 σ 具有收敛性;否则,σ 具有发散性。一般采用标准差、基尼系数、变异系数 CV(Coefficient of Variance)、Theil 指数来衡量 σ 的收敛性。在这些指标中,CV 能充分反映收入的分布特征,因此本书选取 CV 指标来衡量分布离散程度,它是样本标准差和均值的比值,如式(4-1)所示:

$$CV = \frac{1}{\bar{y}} \sqrt{\frac{1}{N} \sum_{i=1}^{N} (y_i - \bar{y})^2} \tag{4-1}$$

式中,y 代表能源效率值。

4.1.2 绝对 β 收敛

绝对 β 收敛有一个前提假设:即各个经济体之间的经济特征是

完全一致的，这包含资本折旧率、投资率、生产函数和人口增长率等，因此它们具有完全相同的经济增长路径和均衡稳态。不同经济系统之间的地区差异会随着时间的推移而不断缩小，最终收敛于相同的稳态，各经济系统的增长速度与其离稳态的距离成反比。对此，Barro 和 Martin（1991）根据 Baumol（1986）的研究，提出了绝对 β 收敛的检验方程：

$$\frac{1}{T}(\log(y_{i,t+T}) - \log(y_{i,t})) = a - \frac{(1-e^{-\beta T})}{T}\log(y_{i,t}) + \xi_{i,t} \quad (4-2)$$

式中，i 指第 i 个地区，t 指期初，$t+T$ 指期末，T 指观测时期长度，$y_{i,t}$ 指地区 i 在 t 期的能源效率值，β 表示收敛速度。如果 $\beta>0$，则说明不同地区的能源效率值的差异会逐渐消除，最终达到同样的稳态。

4.1.3 条件 β 收敛

条件 β 收敛与绝对 β 收敛不同，前者不要求各个经济体之间的经济特征是完全一致的，也不要求各经济体收敛于同样的稳态。条件 β 收敛的前提假设是地区经济的发展不仅是由该区域期初发展水平决定的，还应受到经济体之间地区差异的影响，因此，不同地区的各个经济体会向各自的稳态收敛。

收敛的速度则取决于各地区现阶段经济水平离稳态的距离，离稳态距离越远，收敛速度越快。因此，条件 β 收敛是考虑了各种控制变量，体现地区经济发展速度与期初发展水平之间的负相关关系。在研究绝对收敛检验方程的前提下，Barro 和 Martin（1992）又提出了条件 β 收敛的检验方程，具体如式（4-3）所示。

$$\frac{1}{T}(\log(y_{i,t+T}) - \log(y_{i,t})) = a - \frac{(1-e^{-\beta T})}{T}\log(y_{i,t}) + \lambda X_{i,t} + \xi_{i,t}$$

(4-3)

式中，$X_{i,t}$ 指控制变量，表示不同地区之间存在的各种差异，$y_{i,t}$ 表示地区 i 在 t 期的能源效率值。如果 $\beta > 0$，则说明考虑了地区差异之后，不同地区向各自的稳态收敛。

4.1.4 俱乐部收敛

实际上，在有些地区可能既不存在绝对 β 收敛，也不存在条件 β 收敛，而俱乐部收敛是在具有一致的经济特征或者是类似的经济增长路径的集团内部存在收敛，而在集团之间则不存在收敛的现象。研究者经常将具有相同经济特征和初始条件的地区划分为一个集团。俱乐部收敛的检验方程如式（4-4）所示。

$$\frac{1}{T}(\log(y_{i,t+T}) - \log(y_{i,t})) = a + \beta \log(y_{i,t}) + \lambda D + \xi_{i,t} \quad (4-4)$$

式中，$y_{i,t}$ 表示地区 i 在 t 期的能源效率值，D 代表地区的虚拟变量。如果 $\beta < 0$，则说明存在着俱乐部收敛的现象。

4.2 工业能源效率收敛模型构建

本书用收敛分析方法来研究在考虑二氧化碳排放时中国各区域全要素能源效率的收敛和发散状况。若对于全国各个省份而言，其全要素能源效率具有收敛性，这就表示国家出台的节能减排的政策是具有一定贡献性的,它缩小了落后省份与发达省份的能源效率差异。反之,说明落后省份与发达省份的能源效率差异会越来越大,这便具有警示性,亟须提出相应的措施进行缓解。

4.2.1 中国区域工业全要素能源效率 σ 收敛模型

σ 收敛是指在不同区域之间工业能源效率水平的离差随时间的推移而趋于零。随着时间的推移,不同地区之间的全要素能源效率 ETFEE 的离差会随时间的变化而发生相应的变化。如果该离差值趋于变小,说明全要素能源效率的离散程度在缩小,便具有 σ 收敛性;反之,具有发散性。

考虑二氧化碳排放的中国区域工业全要素能源效率 σ 收敛公式可表示如下:

$$\sigma_t = \frac{1}{\overline{ETFEE_t}}\sqrt{\frac{1}{N}\sum_{i=1}^{N}(ETFEE_{it} - \overline{ETFEE_t})^2} \quad (4-5)$$

式中,$ETFEE_{it}$ 表示第 i 个区域在 t 时期的全要素能源效率;$\overline{ETFEE_t}$ 表示所有 i 个区域在 t 时期全要素能源效率的平均值。当 $\sigma_{t+1} < \sigma_t$ 时,说明考虑碳排放的中国全要素能源效率的离散系数趋于变小,具有 σ 收敛性。

4.2.2 中国区域工业全要素能源效率绝对 β 收敛模型

绝对 β 收敛是指在各区域间存在一致稳定状态的基础上,并和最初工业能源效率高的地区作比较,若初始的工业能源效率低的区域经济增长速度更快,那么,会使所有区域的工业能源效率趋于稳定。绝对 β 收敛通常借鉴巴罗方程检验区域间经济体之间的收敛性。参照巴罗方程,本书构建的考虑二氧化碳排放的工业全要素能源效率 ETFEE 绝对 β 收敛检验方程为 (4-6):

$$\frac{1}{T}[\ln(ETFEE_{i,T}) - \ln(ETFEE_{i,0})] = \alpha + \beta\ln(ETFEE_{i,0}) + \xi$$

(4-6)

式中,[ln($ETFEE_{i,T}$) - ln($ETFEE_{i,0}$)]/T 表示第 i 个经济体从 $t=0$ 到 $t=T$ 期间 ETFEE 值的平均增长率,α 是常数项,ln($ETFEE_{i,0}$) 是第 i 个经济体 $t=0$ 时期的 ETFEE 初始值的对数值,β 是其回归系数,ξ 是误差项,式 (4-6) 中,若 β 显著为负,则区域内经济体间存在绝对 β 收敛,即 ETFEE 的增长与 ETFEE 的初值成反比,表示存在工业能源效率低的区域追赶工业能源效率高的区域的趋势。

4.2.3 中国区域工业全要素能源效率条件 β 收敛模型

条件 β 收敛是指各个地区收敛于各自稳定状态,所以对于各个区域的工业能源效率而言,它是凭借区域自身特征趋于各自的稳定水平,也就是说,区域之间的差异是会长期存在的。

条件 β 收敛的检验模型可表示为式 (4-7)。

$$\frac{1}{T}[\ln(ETFEE_{i,t+T}) - \ln(ETFEE_{i,t})] = \alpha + \beta\ln(ETFEE_{i,t}) + \sum_{j=1}^{n}\gamma_j x_{i,t}^j + \xi_t$$

(4-7)

式中,[ln($ETFEE_{i,T}$) - ln($ETFEE_{i,0}$)]/T 表示第 i 个经济体从 $t=0$ 到 $t=T$ 期间 ETFEE 值的平均增长率,α 是常数项,ln($ETFEE_{i,0}$) 是第 i 个经济体 $t=0$ 时期的 ETFEE 初始值的对数值,β 是其回归系数,ξ 是误差项,γ_j 为增加的第 j 个控制变量的回归系数。为

了能够避免遗漏解释变量，同时能够解决控制变量的选择问题。本书借鉴杜慧滨、王洋洋（2013）的做法，运用面板数据固定效应模型进行条件收敛检验，面板数据模型的固定效应项对应着不同地区各自不同的稳态条件，能够满足条件收敛的假定，因此无须加入额外的控制变量。在此基础上，引入个体固定效应项和时间固定效应项，即采用双固定效应模型来检验条件收敛。在式（4-7）中，如果 β 显著为负，说明存在条件 β 收敛，即各区域工业能源效率存在向自身稳定状态发展的趋势。

4.2.4 中国区域工业全要素能源效率俱乐部收敛模型

俱乐部收敛检验是在研究 σ 收敛检验和绝对 β 收敛检验的基础上，如果区域内经济体能同时满足 σ 收敛和绝对 β 收敛，说明该经济体也具备了俱乐部收敛效应。俱乐部收敛现象是指将一些特征相似的经济体划分在一个群体（俱乐部）中，群体内部经济体的经济变量趋于相似的稳态水平，同时该稳态水平与其他群体不同。

4.3 区域差异收敛性分析

下面基于中国 30 个省 1997~2012 年考虑二氧化碳排放的区域工业全要素能源效率面板数据，通过构建的 σ 收敛、绝对 β 收敛、条件 β 收敛和俱乐部收敛四种模型，对中国工业全要素能源效率进行收敛性测算和分析。

4.3.1 工业全要素能源效率的 σ 收敛分析

依据 σ 收敛理论，根据式（4-5）计算得到全国及四大经济区域 1997~2012 年的变异系数见表 4-1。

表 4-1 全国及各区域变异系数

变异系数	1997 年	1998 年	1999 年	2000 年	2001 年	2002 年	2003 年	2004 年
东部沿海	0.383	0.002	0.002	0.002	0.002	0.002	0.002	0.002
东北老工业基地	0.500	0.626	0.472	0.550	0.523	0.447	0.578	0.590
中部	0.450	0.528	0.290	0.277	0.318	0.515	0.379	0.296
西部	0.776	0.334	0.308	0.417	0.390	0.407	0.472	0.467
全国	0.568	0.567	0.501	0.497	0.527	0.558	0.540	0.518
变异系数	2005 年	2006 年	2007 年	2008 年	2009 年	2010 年	2011 年	2012 年
东部沿海	0.002	0.002	0.002	0.002	0.002	0.002	0.002	0.002
东北老工业基地	0.567	0.530	0.524	0.539	0.376	0.570	0.636	0.564
中部	0.365	0.328	0.322	0.322	0.208	0.290	0.292	0.292
西部	0.449	0.479	0.474	0.784	0.587	0.746	0.760	0.588
全国	0.554	0.555	0.569	0.583	0.453	0.561	0.601	0.594

从图 4-1 全要素能源效率的变异系数历年平均值来看，中国 30 个省份的工业全要素能源效率的变异系数达到最大值，平均值为 0.547；东北老工业基地次之，平均值为 0.537；西部平均值为 0.527；中部平均值为 0.342；东部沿海最小，平均值为 0.026。由此说明，与东北老工业基地、西部、中部三个区域相比，东部沿海 10 省之间的工业能源效率水平差异最小。

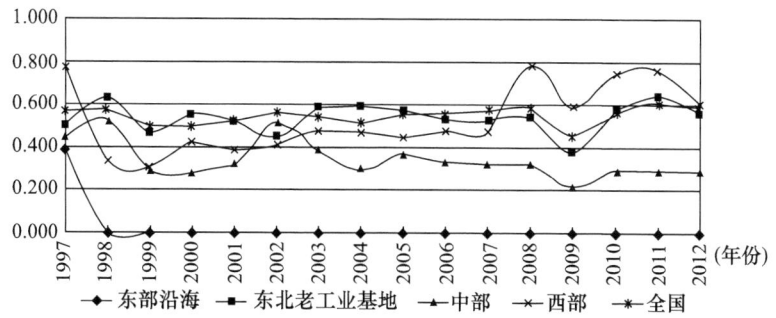

图4-1 中国区域工业全要素能源效率变异系数历年平均值走势

从变异系数的波动性上来说,西部变异系数的波动性最大(0.16),东部沿海变异系数的波动性次之(0.10),中部的变异系数波动性(0.09),东北老工业基地的变异系数波动性最小(0.07)。这说明了中国30个省份间的工业全要素能源效率是有很大差异的,且在四大经济区域里,工业全要素能源效率的收敛程度和趋势都是不同的。从各区域的变异系数来看,四大经济区域的变异系数演变方式不尽相同。东部沿海区域一直呈现出收敛状态。东北老工业基地的变异系数1997~2012年呈现出"收敛"—"发散"反复震荡的态势。其中2000~2002年、2003~2009年两个时间段出现了收敛的状态,最终还是呈现出发散态势。中部区域的变异系数呈现出先发散后收敛,再发散、最后收敛的态势。发散拐点出现在1998年和2001年,也就是说进入"十五"时期,中部区域的变异系数稳定减小,说明这不断减小了中部地区六省份的工业能源效率差异,有了趋于一致的倾向。西部区域变异系数变化形态比较复杂,2000年、2008年和2010年是三个出现发散状态的拐点,1999年和2009年是两个出现收敛状态的拐点,最终还是呈现发散状态。从全国来看,变异系数发生收敛的拐点在2009年,但最终还是呈现发散趋势。

4.3.2 工业全要素能源效率的绝对 β 收敛分析

依据绝对 β 收敛理论,根据式(4-6)计算得到全国和中国四大经济区域的绝对 β 收敛估计值分别见表4-2和表4-3。

表4-2中,β 的估计值为 -0.003273,但是 β 没有通过1%水平下的显著性检验,因此全国的工业能源效率就不存在绝对 β 收敛。

表4-2 全国工业能源效率绝对 β 收敛统计

系数	估计值	标准差	T统计量	P值
α	-0.019904	0.00576	-3.455834	0.0006
β	-0.003273	0.00568	-0.576137	0.5648

资料来源:由Eviews软件面板混合回归模型得到。

表4-3 四大经济区域工业能源效率绝对 β 收敛统计

区域	估计系数	标准差	T统计量	P值
东部沿海	0.010282	0.007891	1.302961	0.1946
西部	-0.034981	0.014921	-2.344343	0.0203
中部	-0.03454	0.009881	-3.4954	0.0007
东北老工业基地	-0.032004	0.013051	-2.452234	0.0183

资料来源:由Eviews软件面板混合回归模型得到。

按照第3章中国区域划分方式,分析不同区域内部工业能源效率绝对 β 收敛情况。从表4-3中可以看出,东部沿海估计系数为正,呈发散趋势。西部和东北老工业基地尽管 β 系数均为负,但是在1%水平下检验,也不存在绝对 β 收敛。中部地区 β 系数为 -0.03454,通过了1%水平下的显著性检验,存在绝对 β 收敛。按照绝对 β 收敛理论可以分析得出,在全国四大经济区域中,只有中部区域6省之间存在共同的稳态,随着时间的推移,比较中部区域工业能源效率略低和较高的省份,然而发现前者的经济增长速度却高于后者,表明存在落后者对先进者的"追赶效应"。工业能源效率的差异逐渐减少,最终趋于稳定。相比较而言,东部沿海、西部和东北老工业基地三大区域内部省份之间工业能源效率水平条件差异较大,不满足绝对β收敛的条件。

4.3.3 工业全要素能源效率的条件β收敛分析

依据条件β收敛理论,根据式(4-7)计算得到中国四大经济区域的条件β收敛估计值见表4-4。

表4-4 四大经济区域工业能源效率条件β收敛统计

区域	估计系数	标准差	T统计量	P值
东部沿海	-0.079184	0.009163	-8.641334	0
西部	-0.192816	0.019992	-9.644486	0
中部	-0.114232	0.010663	-10.71281	0
东北老工业基地	-0.16395	0.030682	-5.343463	0

资料来源:由Eviews软件面板双固定回归模型得到。

从表4-4中条件β收敛估计系数可以看出,东部沿海、西部、中部和东北老工业基地四大经济区域系数均为负,都在1%水平下通过显著性检验,也就是说四大经济区域都存在条件β收敛分析。从条件β收敛估计系数的绝对值来看,西部区域内部11省能够以最快的速度(19.2%)达到自身的稳定状态,东北老工业基地3省次之

(16.3%），接下来是中部 6 省（11.4%），调整速度最缓慢的是东部沿海 10 省（7.91%）。

4.3.4 工业全要素能源效率的俱乐部收敛分析

由以上的结果可知，中部区域不仅满足 σ 收敛，还满足绝对 β 收敛，所以这说明中部区域也满足俱乐部收敛。

4.4 本章小结

本章利用东部沿海、东北老工业基地、中部、西部 4 个区域工业的面板数据，分别构建工业能源效率收敛性分析模型，通过采用四种收敛分析方法对中国区域工业能源效率的变化情况做了实证分析，可得到以下结论：

其一，从全国整体层面来看，工业能源效率不存在 σ 收敛和绝对 β 收敛，说明工业能源效率基础较差的省份不会以较快的增长速度缩小与能源效率基础较优的省份的差距，因此，各个区域的工业能源效率差异不会随时间的推移而趋于下降，而是保持比较稳定的状态。

其二，东部沿海区域呈现 σ 收敛和条件 β 收敛，说明东部沿海区域内部各个省份之间的工业能源效率趋于各自的稳态水平，它们之间的差异会持续存在，只是随着时间的推移会逐步缩小。

其三，西部区域呈现 σ 发散态势和条件 β 收敛，说明西部区域内部各个省份之间的工业能源效率趋于各自的稳态水平，它们之间的差异会持续存在，且随着时间的推移不会有缩小的态势。

其四，中部区域呈现先发散后收敛，再发散、最后收敛的 σ 收敛态势，且存在绝对 β 收敛和俱乐部收敛，说明中部区域内部能源结构、产业结构相似的省份会有一个共同的工业能源效率稳态水平，而不同能源结构、产业结构的省份之间其稳态水平会有所差异，且这种差异会一直存在，无法缩小。但是，在发展过程中，具有相似能源结构、产业结构的省份之间会逐渐趋于共同的稳态水平，主要方式是基础水平较差的省份会以较高的速度提升能源效率，而基础水平较好的省份其提升速度较低，最终达到同一个水平。

其五，东北老工业基地呈现"收敛"—"发散"反复震荡的态势，最终表现为 σ 发散态势，并且存在条件 β 收敛，说明东北老工业基地内部各个省份之间的工业能源效率有逐步缩小的发展过程，但由于各省份的资源禀赋、环境政策等不同，最终各个省份还是趋于各自的稳态水平，它们之间的差异会持续存在，且不会随着时间的推移而有所改善。

第 5 章

中国区域工业全要素能源效率空间效应分析

自20世纪70年代世界石油危机的爆发以来，大批学者开始研究中国能源效率问题及其影响因素的问题，采用的是普通面板线性回归方法，但是中国区域工业能源效率在空间分布上具有明显的正自相关关系（空间依赖性），因此，传统的研究方法了忽视空间维度的相关性和异质性，在理论上存在严重不足，与现实不符。也有部分学者利用空间计量方法对能源消费量或者单要素能源效率（即能源强度）进行研究。但是，针对全要素能源效率进行空间计量分析的研究还较为鲜见，且在分析中没有考虑二氧化碳排放对能源效率产生的影响，从而造成了空间计量分析上的误差。因此，本章以1997~2012年包含非期望产出二氧化碳的区域工业全要素能源效率为观测对象，建立了中国区域工业全要素能源效率影响因素的空间面板数据模型，实证分析区域工业全要素能源效率与能源价格、产业结构、产业结构调整、经济发展水平、能源消费结构、技术进步、外商直接投资、城市化率、贸易进口额、贸易出口额的关系。本章的结构安排如下：第一部分是中国区域工业全要素能源效率影响因素体系的构建;第二部分是空间滞后面板数据模型的建立;第三部分是空间面板数据模型回归结果的分析;第四部分是本章的主要结论。

5.1 中国区域工业全要素能源效率影响因素体系的构建

5.1.1 区域工业全要素能源效率影响因素指标的选择

国内学者结合中国的实际情况,对单要素能源效率或全要素能源效率分析中,选择的主要影响因素、研究方法和研究结论见表 5-1。从表 5-1 可以看出,多数学者认为能源价格、产业结构、经济发展水平、能源消费结构、技术进步、外商直接投资、对外开放程度、政府影响力是中国能源效率分析考虑的主要因素,但由于选择的方法不同、数据范围不同,其结论也不尽相同,即这些因素对于不同地区能源效率的影响方向没有统一定论。

本书认为,在能源效率分析中,由于政府影响力在短时间之内难以有大的变动,因此,在中国能源效率影响因素分析中不必考虑;对外开放程度以对外贸易量或对外贸易额衡量,无法准确体现进口、出口对于中国能源效率的单独影表响效果,不便于制定更有针对性的政策;产业结构不仅表现为当前的产业结构比例,而且表现为产业结构的调整,在分析中,应该对两方面都予以考虑;城市化进程中一方面扩张了能源消费需求,在客观上提高了能耗水平,另一方面

表 5-1 国内关于中国能源效率影响因素的主要研究

作者	选取的因素	研究方法	研究结论
吴琦、武春友 (2010)	技术进步、产业结构、能源消费结构	计量分析	技术进步是提高中国能源效率的主要途径之一;仅仅依靠提高第三产业占比不能从根本上提高中国能源效率,需要进行产业结构调整;能源消费结构优化是现阶段提高能源效率的最现实选择
曾贤刚 (2010)	产业结构、技术进步、政府对经济社会影响程度、对外开放程度、环保投资	Tobit 模型	中国政府影响力、对外开放程度对能源效率影响显著,产业结构、对能源效率影响不显著,由于技术进步指标不太好定量,影响也不好衡量
杨冕、杨福霞等 (2011)	能源相对价格、产业结构、能源结构、科技进步	向量误差修正模型脉冲响应	能源效率和能源相对价格、研发技术知识存量有正相关作用,而能源效率和第二产业产值与 GDP 的占比、煤炭消耗占比呈负相关关系
胡宗义、刘静、刘亦文 (2011)	能源价格、产业结构、经济发展水平、工业结构、对外开放程度、投资水平、制度因素、地理因素、政府影响力	多重共线性的偏最小二乘回归	各地区固定资产投资中外商投资比重、工业增加值中高耗能产业比重以及煤炭消费比重的差异是能源效率差异显著地区是能源效率差异显著的主要原因,即投资水平、工业结构和能源消费结构是造成能源效率差异地区差异的主要因素
孙广生、杨先明、黄祎 (2011)	研发投入与人力资本素质、市场化程度与制度性变量、规模效应、更新改造	计量分析	劳动力素质、企业规模能够对能源效率产生正向影响,以国有企业产值比重表示的变量对能源效率有负影响

· 91 ·

续表

作者	选取的因素	研究方法	研究结论
张伟、吴文元(2011)	工业发展水平、工业结构、工业生产要素禀赋水平、工业能源技术变化、工业能源消费结构、外商投资企业产出占比	对数平均 Divisia 指数分解法	工业资本与工业劳动比、能源效率的提升与重化工业产值之比呈现出显著的正相关关系,工业能源技术变化占工业发展水平的人均工业产值之比呈现出正相关关系,而且工业能源效率与人均工业产值之间的关系是U形关系
姜磊、季民河(2011)	资源禀赋、产业结构、技术进步、外商直接投资、对外开放	地理加权回归模型	能源资源禀赋与能源强度成正比关系,工业和重工业弹性的省域间差异性是能源强度的重要影响因素,技术进步、外商直接投资、对外开放降低了能源消费强度
李春发、谭洪玲、王澜颖等(2012)	能源消费结构、对外开放程度、工业内部结构、产权结构、技术进步、政府影响力	Tobit 模型	对外开放程度、工业化水平、技术进步和电力消费占能源比重、技术进步的提升具有正向作用,而工业内部结构、煤炭消费比重、国有及国有控股企业增加值的比重都与能源效率呈现负相关关系
孟凡生、李美莹(2013)	经济发展水平、产业结构、能源消费结构、技术进步、开放程度、市场化程度	最优组合赋权法	产业结构中的第二产业产值占国内生产总值比重和第三产业产值占国内生产总值比重中重工业工业产值和经济发展水平对中国能源效率的影响显著;能源消费结构中煤炭消费量占能源消费总量比重对能源效率的影响显著;技术进步中的R&D投入指标对中国能源效率的影响显著

第 5 章 中国区域工业全要素能源效率空间效应分析

续表

作者	选取的因素	研究方法	研究结论
王玉燕、林汉川（2013）	经济发展水平、产业结构、技术进步、产权结构、对外贸易、能源价格、能源消费结构、政府影响力	回归模型	产业结构的优化升级，第三产业产值比重的升高，能源消费结构的改善有助于西部能源效率的提升；而研发投入、对外开放程度与西部能源效率具有显著的负相关关系；能源价格的提高，国有经济比重的下降，考察期内政府干预的加强对全国各区域都有利于能源效率的提升
庞瑞芝、孙长悦、刘同乐（2013）	地区经济发展水平、地区科技发展水平、外商直接投资水平	Tobit 模型	经济发展水平，地区科技发展水平对全要素能源效率有正向促进作用。FDI 对全要素能源效率的影响途径有三种渠道：一是通过技术溢出效应提升能源效率；二是通过示范效应对能源效率产生负向影响；三是通过能源进出口结构效应制约全要素能源效率
张兵兵（2014）	FDI、出口、市场化进程、人力资本、能源消费结构、投资、政府干预	面板数据模型	FDI、出口、市场化进程、人力资本、能源消费结构、投资、政府干预都会产生显著的负面影响正向影响
陈关聚（2014）	重工业能源消耗量、劳动密集度、能源结构、煤炭消费量、电力和石油的消费	随机前沿技术分层聚类分析	能源结构对能源效率有显著负影响，增加煤炭消费量对能源效率有显著影响加电力、石油的消费对能源效率有正向影响
范凤岩、雷涯邻（2014）	政府对市场的干预、技术进步、产业结构、对外开放程度、能源消费结构	Tobit 模型	在其他因素保持相对不变的情况下，产业结构、对外开放程度、技术进步与能源效率呈正相关关系；能源消费结构和政府影响力与能源效率呈显著负相关关系

通过规模经济为改善能源效率创造了条件，在能源效率因素分析中应该考虑城市化率的影响。因此，本书认为分析中国区域工业全要素能源效率影响因素体系应该包括能源价格、经济发展水平、产业结构调整、能源消费结构、技术进步、产业结构、外商直接投资、城市化率、贸易进口额、贸易出口额 10 个方面。同时，在方法选择上，由于本章以区域工业能源效率为研究对象，必须考虑区域之间的空间溢出效应，以便更客观地反映能源效率的影响因素。

5.1.2 影响因素指标的数据来源与说明

对于上面所构建的影响因素体系，其具体符号表示、数据来源和数据计算方法见表 5-2。

表 5-2　工业能源效率与影响因素指标的符号、数据来源与说明

变量	符号	数据来源	备注
全要素能源效率	ETFEE	计算得到	利用第 3 章 DEA 方法计算得出的工业全要素能源效率
能源价格	EP	中国统计年鉴	按 1996 年不变价计算的工业生产者出厂价格指数
产业结构	IS	中国统计年鉴	第二产业产值占 GDP 的比重
产业结构调整	STR	中国统计年鉴	第二产业产值与第三产业产值之比
经济水平	GDP	中国统计年鉴	按 1997 年不变价计算的实际人均工业 GDP 产值
外商直接投资	FDI	中国统计年鉴	
城市化率	URBAN	中国统计年鉴	区域城镇人口占区域总人口的比重
能源消费结构	ECS	中国能源统计年鉴	原煤消费量占工业能源消费总量的比重
技术进步	TP	中国统计年鉴	专利申请数
贸易进口额	IM	中国统计年鉴	
贸易出口额	EX	中国统计年鉴	

5.2 中国区域工业全要素能源效率影响因素空间计量模型的建立

图 5-1 显示的是 1997~2012 年中国 30 个区域工业全要素能源效率年平均值的空间分布。从图 5-1 中可以看出，中国区域工业全要素能源效率在空间地理上基本上呈现从东部到西部以带状形式逐渐下降的态势，也就是说，中国区域工业全要素能源效率在空间上存在一定的关联性。在构建模型中，应当考虑空间效应。

Anselin（2004）将空间计量经济学定义为：在区域科学模型的统计分析中，主要研究由空间引起的各种特性的一系列方法。作为现代微观计量经济学的一个分支，其目的是为处理截面数据或面板数据中的空间效应、空间相关性与空间异质性而发展的专门的建模、估计与统计检验方法。

5.2.1 区域工业全要素能源效率的空间相关性检验

Moran I 指数是比较常见的全域空间相关性指标，将其定义为：

$$\text{Moran I} = \frac{\sum_{i=1}^{n}\sum_{j=1}^{n}\omega_{ij}(Y_i - \overline{Y})(Y_j - \overline{Y})}{S^2 \sum_{i=1}^{n}\sum_{j=1}^{n}\omega_{ij}} \tag{5-1}$$

式中，$S^2 = \frac{1}{n}\sum_{i=1}^{n}(Y_i - \overline{Y})^2$，$\overline{Y} = \frac{1}{n}\sum_{i=1}^{n}Y_i$，$\omega_{ij} = \begin{cases} 1 & i \text{ 地区与} j \text{ 地区相邻} \\ 0 & i \text{ 地区与} j \text{ 地区不相邻} \end{cases}$。

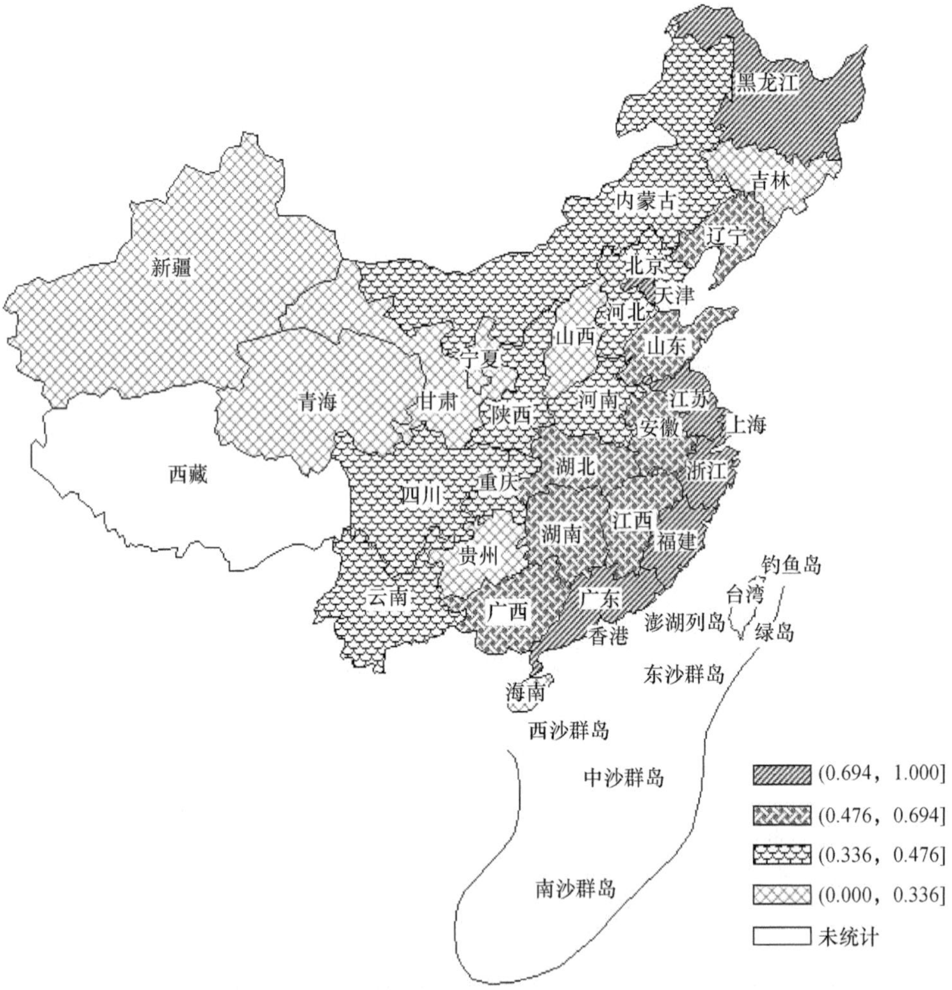

图 5-1 全要素能源效率空间分布示意图

注：数据来源于第 3 章计算得出的结果。

Y_i 表示第 i 个区域的能源效率值，这里指用第 3 章的 DEA 方法测算得出的能源效率值；n 为空间单元数，即所考察的样本数量，这里指除西藏自治区外的 30 个省、市、自治区；ω_{ij} 为空间权重矩阵元素。

利用中国 30 个省包含非期望产出二氧化碳的全要素能源效率数

据,按照式 (5-2) 可以计算得出 1997~2012 年地区全要素能源效率的全局 Moran's I 指数为 0.2147,对应的 Z 统计量为 6.7472,P 概率为 0.0000,表明中国各省之间的能源效率空间分布并非完全独立。

$$E_{n(I)} = -\frac{1}{n-1}$$

$$VAR_n(I) = \frac{n^2\omega_1 + n\omega_2 + 3\omega_0^2}{\omega_0^2(n^2-1)} - E_n^2(I) \quad (5-2)$$

$$Z(d) = \frac{MoranI - E(I)}{\sqrt{VAR(I)}}$$

式中,$\omega_0 = \sum_{i=1}^{n}\sum_{j=1}^{n}\omega_{ij}$,$\omega_1 = \frac{1}{2}\sum_{i=1}^{n}\sum_{j=1}^{n}(\omega_{ij} + \omega_{ji})^2$,$\omega_2 = \sum_{i=1}^{n}(\omega_{i\cdot} + \omega_{\cdot j})^2$,$\omega_{i\cdot}$ 和 $\omega_{\cdot j}$ 分别为空间权重矩阵中 i 行和 j 列之和。

Moran's I 可看作各地区观测值的乘积和,其取值范围为 [-1,1]。当 Moran's I 值大于零时,各区域间为空间正相关;相反,当 Moran's I 值小于零时,各区域间为空间负相关。当目标区域数据在空间区位上相似,同时,也具有相似的属性值,那么,空间模式在整体上就呈现出正的空间相关性;而当邻接的目标区域数据在空间上不同寻常地具有不相似的属性值时,就呈现为负的空间相关性。本书以中国 30 个省 1997~2012 年工业能源效率 (ETFEE) 年平均值为观测对象,计算的空间自相关结果如图 5-2 所示。

图 5-2 说明中国区域工业全要素能源效率整体上成空间正相关。区域工业全要素能源效率的空间自相关结果表明,中国 30 个省域之间工业全要素能源效率在空间分布上具有正自相关关系,即空间依赖性。这说明区域工业全要素能源效率在空间分布上并不是分散分布的,而是表现出某些区域工业全要素能源效率的相似值之间在空间上趋于集聚的现象。

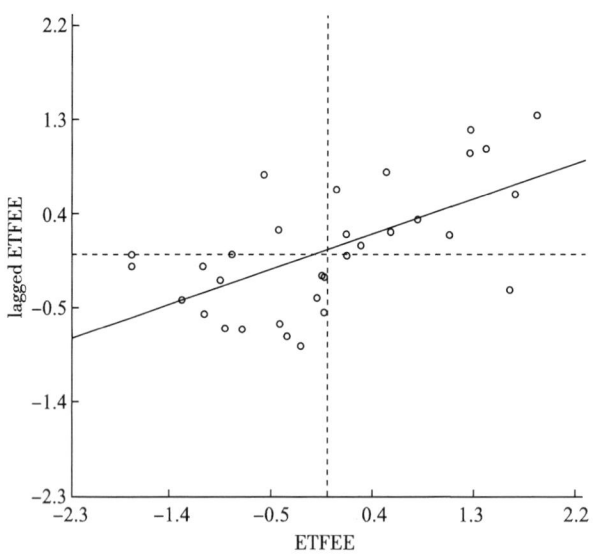

图 5-2 中国 30 个省工业全要素能源效率空间自相关散点

注：数据来源于第 3 章计算得出的结果。

位于第一象限的省域有上海市、福建省、浙江省、江苏省、江西省、安徽省、广东省、北京市、天津市、山东省、湖南省、广西壮族自治区和辽宁省，其含义为高工业全要素能源效率的区域被其他高工业全要素能源效率的省域所包围，称为高—高集聚（High - High），可以发现这些区域基本上是能源大省，或者是经济强省；位于第二象限的省域有吉林省、河北省、海南省，其含义为低工业全要素能源效率的区域被其他高工业全要素能源效率的省域所包围，称为低—高集聚（Low - High）；位于第三象限的省域有重庆市、云南省、山西省、青海省、新疆维吾尔自治区、甘肃省、陕西省、四川省、宁夏回族自治区、贵州省、内蒙古自治区、河南省和湖北省，其含义为低工业全要素能源效率的省域被其他低工业全要素能源效率的省域所包围，称为低—低集聚（Low - Low），位于此象限的区域都是西部经济欠发达地区；位于第四象限的有黑龙江省，其含义为高工业全要素能源效率的区域被其他低工业全要素能源效率的省域所包围，称为高—低集聚（High-Low）。由此可见，中国各个区域工业全要素能源效率的空间集聚性明显，正向局域相关和集聚的典型特征显著。从图5-2中可以看出，区域工业全要素能源效率在空间分布上并非是完全随机的，而是较高工业全要素能源效率的省域倾向于和同样具有较高工业全要素能源效率的区域相邻近。较低工业全要素能源效率的省域也倾向于和同样具有较低工业全要素能源效率的省区相邻近，区域工业全要素能源效率在地理空间上非均衡分布。其中，中国30个省域里有13个省区是高—高集聚类型的，有13个省区是低—低集聚类型的。高—高集聚类型从空间分布可以看出集中在经济强省，工业经济的发展依赖于能源的大量消耗，因此工业全要素能源效率较高；而低—低集聚类型主要是西部经济欠发达地区，工业基础比较薄弱，工业能源消费量较少，因而造成的工业全要素能源效率较少。

5.2.2 空间计量模型的选择

Anselin（1998）从空间滞后变量类型和空间相关性作用范围两个方面，将空间面板数据模型分为空间滞后模型（SLM）和空间误差模型（SEM）两类。其中，空间滞后模型反映的是影响一个地区工业能源效率的所有解释变量都会通过空间传导机制作用于其他地区，而空间误差模型则反映的是地区工业能源效率的区域外溢是随机冲击作用的结果。因此，区域工业能源效率影响因素分析模型的构建也可以有两种方式：其一是基于空间滞后模型的区域工业能源效率影响因素分析;其二是基于空间误差模型的区域工业能源效率影响因素分析。

(1) 区域工业能源效率影响因素分析的空间滞后模型

设 y 为各省工业能源效率,X 为能源效率影响因素,W 为 N 个省域的空间邻接权重矩阵,ρ 为空间自回归系数,β 为待估计参数,ε 为随机误差项,则有:

$$y = \rho W y + X\beta + \varepsilon \tag{5-3}$$

式(5-3)可以简化为:

$$y = (I - \rho W)^{-1} X\beta + (I - \rho W)^{-1} \varepsilon \tag{5-4}$$

由于每一个逆矩阵都可以扩展为一个包含解释变量和误差项的无限项序列,所以,空间滞后项可以被看作是一个内生变量,在联立性偏差的作用下,普通最小二乘法得到的结果会是一个有偏的、不一致的估计。因此,基于空间滞后模型的区域工业能源效率影响因素的分析估计法对其进行参数估计。

令 $\hat{\beta}_0 = (X'X)^{-1} X' y$,$e_0 = y - X\hat{\beta}_0$,$\hat{\beta}_L = (X'X)^{-1} X' W y$,$e_L = y - X\hat{\beta}_L$

假定 $\varepsilon \sim N(0, \sigma^2 I)$,则区域工业能源效率影响因素分析空间滞后模型参数估计结果如下:

$$\hat{\beta}_{ML} = (X'X)^{-1} X'(y - \rho W y) \tag{5-5}$$

$$\hat{\sigma}^2_{ML} = (e_0 - \rho e_L)'(e_0 - \rho e_L)/N \tag{5-6}$$

(2) 区域工业能源效率影响因素分析的空间误差模型

设 y 为各省工业能源效率,X 为能源效率影响因素,N 个省域的空间邻接权重矩阵,λ 为误差空间自相关系数,β 为待估参数,u 为随机误差项,则有:

$$\begin{cases} y = X\beta + \varepsilon \\ \varepsilon = \lambda W \varepsilon + u \end{cases} \tag{5-7}$$

式（5-7）可以简化为：

$$y = \lambda Wy + X\beta - \lambda WX\beta + \varepsilon \quad (5-8)$$

由于在误差项的协方差矩阵中非对角元素表示的是空间相关的结构，所以，普通最小二乘法得到的结果是一个无偏估计，但不是有效估计量。因此，基于空间误差模型的区域工业能源效率影响因素分析中选择极大似然估计法对其进行参数估计。

令 $e = y - X\hat{\beta}_{ML}$

假定 ε 的协方差矩阵为 $\sum = \sigma^2 [(I - \lambda W)'(I - \lambda W)]^{-1}$，则区域工业能源效率影响因素分析的空间误差模型的参数估计结果为：

$$\hat{\beta}_{ML} = [(X - \lambda WX)'(X - \lambda WX)]^{-1}(X - \lambda WX)'(y - \lambda Wy) \quad (5-9)$$

$$\hat{\sigma}^2_{ML} = (e - \lambda We)'(e - \lambda We)/N \quad (5-10)$$

采用拉格朗日乘数法进行检验来选择区域工业能源效率影响因素分析的空间计量模型，空间滞后模型和空间误差模型的拉格朗日乘数计算公式分别为：

$$LM_L \frac{[e'(I_T \otimes W_N)y/(e'e/NT)]^2}{[(W\hat{y})'m(W\hat{y})/\hat{\sigma}^2] + Ttr(W_N^2 + W'_N W_N)} \quad (5-11)$$

$$LM_E = \frac{[e'(I_T \otimes W_N)e/(e'e/NT)]^2}{Ttr(W_N^2 + W'_N W_N)} \quad (5-12)$$

式中，$W\hat{y} = (I_T \otimes W_N)X\hat{\beta}$，$M = I_{NT} - X(X'X)^{-1}X'$，$e = y - X\hat{\beta}$，$tr$ 为矩阵迹的运算，有 $TtrW'_N W_N = tr(I_T \otimes W'_N W_N)$，$tr(I_T \otimes W_N) = 0$。

根据式（5-11）和式（5-12）可得出两类模型的 LM 检验统计量，结果见表 5-3。由于 $LM_L > LM_E$，所以应该选择区域工业能源效率影响因素分析的空间滞后模型。

表5-3 两类模型的LM检验统计量结果

检验方法	统计值	小概率p值
LM_L	44.6539	0.0000
$R-LM_L$	6.1978	0.0128
LM_E	41.9324	0.0000
$R-LM_E$	3.4763	0.0623

资料来源：按照式（5-11）、式（5-12）计算所得。

对于空间滞后模型究竟选择固定效应还是随机效应，本书进行了空间Hausman检验。从理论角度来讲，当样本是从总体中随机选取的，那么，应该选择随机效应，而当样本只是限定于一些特定个体时，那么，应该选择固定效应。本书选择中国30个省进行研究，其样本基本覆盖了全国，所以，从理论上讲，可以说是固定效应模型更合适。从统计角度来讲，还需要通过空间Hausman检验来加以判定。本书通过计算得出的空间Hausman检验统计量的值为-18.8243，对应的P值为0.0643，说明统计上也认为选择固定效应模型更为合适。

5.3 中国区域工业全要素能源效率的空间差异及影响因素分析

利用matlab软件对包含有固定效应的四种空间滞后模型，即固定效应、地区固定效应、时间固定效应、地区时间双固定效应进行了估计，其结果见表5-3。根据表5-4中R^2、$Sigma^2$、$LogL$统计量，包含地区固定效应的空间滞后模型要优于其他模型，因此，选择包含地区固定效应的空间滞后模型最为合适。

表 5-4　四种模型的估计结果

变量	无固定效应	地区固定效应	时间固定效应	双固定效应
Intercept	0.308609***			
EP	-0.003961***	-0.002296***	-0.001537**	-0.001358**
IS	0.000305	-0.006549**	0.001895	-0.002815
STR	0.212362***	0.122180**	0.159157**	0.068767
AGDP	0.024320***	0.025613***	0.030840***	0.031442***
FDI	0.000000	-0.000000***	0.000000	-0.000000***
URBAN	-0.000373	0.000245	-0.000627	0.000645
ECS	0.039055	0.067002	0.061957	0.079654*
TP	0.000000	0.000000	0.000001*	0.000000
IM	0.287143***	0.323241***	0.326484***	0.480271***
EX	0.219657**	-0.603612***	0.162469*	-0.654872***
W*dep.var	0.307972***	0.180973***	0.301959***	0.016940
R^2	0.5297	0.8454	0.5701	0.8374
$Sigma^2$	0.0373	0.0123	0.0341	0.0131
LogL	102.1995	372.9868	123.8922	394.2418

注：*、**和***分别表示在90%、95%和99%的置信度水平下显著。

5.3.1　区域工业能源效率存在着显著的空间正相关关系

在空间滞后面板数据模型中，无固定效应、地区固定效应和时间固定效应三种模型均得出标志区域工业能源效率空间相关的空间自回归系数，即 W*dep.var 的系数估计值均为正数，且都通过了 1% 的显著性检验，说明中国各省份的工业能源效率之间存在着显著的正向空间溢出效应。

5.3.2　中国区域工业能源效率基准水平在地理空间上呈现"东高西低"态势

根据包含地区固定效应的区域工业能源效率空间滞后模型估计

中国区域工业能源效率时空效应

结果可知，常数项 α 为 0.744775，各区域的截距项见表 5-5，表示该区域的工业能源效率基准水平对全国平均水平的偏离程度。按照地理空间分布（地理空间分布如图 5-3 所示）来看，基本呈现"东高西低"的态势，这主要是由于长期以来中国对于东部地区的经济发展有一定的政策倾斜，促使人才和资金向东部地区集聚。在东部地区人力资本的质和量都相对偏高，且在发展资金较易获得的环境下，工业能源效率基准水平表现出相对于全国平均水平的正向偏离。

图 5-3 不同地区能源效率基准水平对平均水平的偏离程度

表 5-5　地区固定效应模型中截距项 α_i 的估计结果

区域	α_i 估计值	地区	α_i 估计值	地区	α_i 估计值
北京	0.010979	浙江	0.500665	海南	-0.443263
天津	0.157203	安徽	-0.048890	重庆	-0.119309
河北	-0.156287	福建	0.350872	四川	-0.030835
山西	-0.256680	江西	0.106631	贵州	-0.348075
内蒙古	-0.233242	山东	0.162534	云南	-0.130468
辽宁	0.068523	河南	-0.029895	陕西	-0.096516
吉林	-0.338586	湖北	-0.104400	甘肃	-0.207023
黑龙江	0.343198	湖南	0.032372	青海	-0.286899
上海	0.417120	广东	0.758402	宁夏	-0.321992
江苏	0.503989	广西	-0.035801	新疆	-0.224329

5.3.3　能源价格、产业结构、外商直接投资、贸易出口额对能源效率具有显著的负影响

能源价格对能源效率的负影响主要是由于中国政府对能源市场的干预较多，能源价格形成体制机制不完善，没有充分发挥市场进行资源配置的作用，能源价格不能真实地反映市场实际需求，无法合理配置到效率更高的生产中，导致二者呈现出显著的负相关关系。李治、李国平（2010）运用成本最小化的能源效率模型研究结果表明，中国能源的相对价格并不是使用能源的完全成本的体现，能源价格的提高反而导致了能源效率的降低。这与本书的研究结论相一致。

产业结构对能源效率的负影响主要是由于在工业化进程中，第二产业产值占 GDP 的比重逐步上升，在第二产业对经济贡献不断增加的同时，不可避免地会造成单位生产所消耗的化石能源量的增加，从而降低了工业能源效率的降低。因此，第二产业产值占 GDP 的比

重对能源效率具有负向影响。

外商直接投资对能源效率的负影响是由于在较长时期，外商在中国的投资更多地表现为机器设备、零部件加工等硬件的投资，技术投资相对较少，这就使这种外商直接投资对中国能源效率的提升基本没有作用，甚至从硬件生产和加工过程来看，还会形成对能源效率的负影响。同时，相对于国内投资来说，外商直接投资数量较少，因此，对能源效率的影响虽然通过了显著性检验，但参数估计值接近于零。

贸易出口额对能源效率的负影响主要是因为出口商品在生产过程中，消费了国内大量的能源和原材料，增加了二氧化碳的排放量，造成了对中国环境的污染，从而表现出贸易出口额与能源效率的负相关关系。

5.3.4 产业结构调整、人均GDP、贸易进口额对能源效率具有显著的正影响

本书实证中的产业结构调整采用了第二产业产值与第三产业产值之比，产业结构调整对能源效率的正影响主要是因为中国在产业转型中还属于一种粗放型的转型方式，在这个转型过程中，从表面形式上看，一部分劳动力从第二产业转移到了第三产业，但是第三产业的产值比没有太大的提升，相反，第二产业在转型中虽然劳动力有所减少，但技术进步有所提升，使第二产业的产值仍保持不断上升，能源效率也得到提升，最终表现出产业结构调整对能源效率的正影响。

人均GDP对能源效率的正影响是由于人均GDP的上升代表经济

发展水平的提升，经济发展使政府有更多的资金和能力用于新能源的开发、新技术的引进，使能源生产过程中收益增加了，环境污染却减少了，从而促使能源效率的提高。

贸易进口额对能源效率的正影响主要是因为中国居民消费的进口商品在一定程度上能够提高国内的 GDP，而在 GDP 增加的同时并没有造成对国内能源的消费和环境的污染，起到了保护能源和环境的作用，是一种绿色消费行为。因此，贸易进口额的增加在一定程度上能够提高一个国家的能源效率。

5.3.5 城市化率、能源消费结构、技术进步对能源效率的影响不显著

师博、沈坤荣（2012）认为，城市化率与能源效率的动态关系表现为"U"形，即在城市化率较低的阶段，对工业能源效率的提升有抑制作用。在城市化率达到一定程度后，才能对工业能源效率有促进作用。本书实证结果表明，城市化率对能源效率的影响不显著，这可能是由于中国在城市化进程中，一方面虽然随着城市人口的增加导致了城市经济的发展，但是城镇化对工业化的基础和支撑作用尚未充分发挥，另一方面也造成了二氧化碳排放量的不断增加，在双重影响的作用下，城市化率表现出对能源效率影响的不显著性。

能源消费结构反映了煤炭消费在所有能源消费中的比例。能源消费结构对能源效率影响不显著的原因是由于能源消费结构在短期内相对稳定，难以快速改变，基于实证中采用了 1997～2012 年相对较短的历史数据而言，煤炭能源消费结构没有大幅度的变动，因此，煤炭能源消费结构对能源效率的影响不明显。

本书在研究技术进步对能源效率影响的实证中，技术进步的衡量指标选取的是专利申请数，结果表明技术进步对能源效率的影响不显著，这可能是由于技术进步对能源效率的影响比较复杂，不仅存在滞后作用，而且存在"回弹效应"，在多方面作用下，可能表现出不显著的关系。这与姜磊、季民河（2011）的研究结论相一致。

5.4 本章小结

本章在现有国内研究的基础上，增加了产业结构调整、城市化率、贸易进口额、贸易出口额 4 个指标，构建了中国包含 10 个影响因素的区域工业全要素能源效率影响因素体系，并在空间邻接权重矩阵下构建了包含地区固定效应的中国区域工业全要素能源效率空间滞后模型，利用基于 1997～2012 年中国 30 个省的面板数据进行了回归分析。主要结论如下：

其一，区域工业能源效率存在着显著的空间正相关关系，表明工业能源效率的提升具有正的空间溢出效应。

其二，由于长期以来中国对于不同地区经济发展政策具有不同的倾斜性，导致中国区域工业能源效率基准水平在地理空间上呈现东高西低的态势。

其三，能源价格、产业结构、外商直接投资、贸易出口额对能源效率具有负向影响；产业结构调整、人均 GDP、贸易进口额对能源效率的影响具有正向作用；能源消费结构、城市化率、技术进步对能源效率的影响不显著。

第 6 章

中国区域工业全要素能源效率时间效应分析

基于第 5 章能源效率和影响因素的面板数据，分别构建了各影响因素与能源效率的面板 VAR 模型，进一步从时间上，运用方差分解方法和脉冲响应函数分别分析了影响因素对区域工业全要素能源效率变动的贡献率和冲击效应。本章的结构安排如下：第一部分是中国区域工业全要素能源效率面板 VAR 模型的构建；第二部分是运用方差分解分析方法研究影响因素变动对中国区域工业全要素能源效率变动的贡献率；第三部分是运用脉冲响应函数研究影响因素的变动对区域工业全要素能源效率的冲击效应；第四部分是本章的主要结论。

6.1 中国区域工业全要素能源效率面板 VAR 模型构建

本书采用面板 VAR 方法分析中国各区域工业全要素能源效率及

其影响因素的动态冲击效应，面板 VAR 方法最早见于 Holtz – Eakin （1988）的研究，其优点在于它并不需要较大的样本观测值，在相关问题研究中被广泛应用。本书构建的面板 VAR 模型如下：

$$Y_{i,t} = \alpha_0 + \sum_{j=1}^{k} \alpha_j Y_{i,t-j} + \eta_i + \phi_i + \varepsilon_{i,t} \qquad (6-1)$$

式中，i 代表省域，t 代表年份，$Y_{i,t}$ 包含 11 个变量，分别是区域工业全要素能源效率、能源价格、产业结构、能源消费结构、工业经济增长、城市化率、产业结构转型、贸易进口额、贸易出口额、技术进步和外商直接投资。考虑到区域异质性问题，本书在模型中引入了代表区域固定效应的变量 η_i，表示可能遗漏的一些和区域特征有关的其他因素（比如区位、自然条件等）对各区域产生的差异影响。ϕ_i 代表时间效应，用来解释变量的时间趋势特征。$\varepsilon_{i,t}$ 为随机误差项。

与时间序列下 VAR 模型相比，面板 VAR 模型加入了各区域信息，能够有效处理时间序列较短造成的非平稳性、多维数据造成的异方差性和多变量造成的多重共线性。

6.2 区域工业全要素能源效率变动的因素贡献率分析

为了更清楚地分析区域工业全要素能源效率与其影响因素的相互作用情况，本书采用方差分解法，进一步获得不同方程的冲击反应对各个变量波动的方差贡献率。表 6 – 1 分别给出了第 10 个预测期、第 20 个预测期和第 30 个预测期的方差分解结果。

表6-1 区域工业全要素能源效率与其影响因素的面板VAR模型方差分解结果

变量	时期	ETFEE	EP	变量	时期	ETFEE	IS
ETFEE	10	0.997	0.078	ETFEE	10	0.955	0.045
EP	10	0.394	0.994	IS	10	0.081	0.919
ETFEE	20	0.996	0.120	ETFEE	20	0.954	0.046
EP	20	0.438	0.992	IS	20	0.085	0.915
ETFEE	30	0.996	0.133	ETFEE	30	0.954	0.046
EP	30	0.444	0.991	IS	30	0.085	0.9145
变量	时期	ETFEE	ECS	变量	时期	ETFEE	AGDP
ETFEE	10	0.993	0.007	ETFEE	10	0.953	0.046
ECS	10	0.029	0.970	AGDP	10	0.257	0.743
ETFEE	20	0.990	0.009	ETFEE	20	0.937	0.063
ECS	20	0.030	0.969	AGDP	20	0.250	0.750
ETFEE	30	0.990	0.010	ETFEE	30	0.932	0.679
ECS	30	0.030	0.970	AGDP	30	0.241	0.759
变量	时期	ETFEE	STR	变量	时期	ETFEE	FDI
ETFEE	10	0.685	0.314	ETFEE	10	0.991	0.009
STR	10	0.679	0.321	FDI	10	0.004	0.996
ETFEE	20	0.681	0.319	ETFEE	20	0.989	0.011
STR	20	0.681	0.319	FDI	20	0.004	0.996
ETFEE	30	0.681	0.319	ETFEE	30	0.989	0.011
STR	30	0.681	0.319	FDI	30	0.039	0.996
变量	时期	ETFEE	URBAN	变量	时期	ETFEE	TP
ETFEE	10	0.994	0.056	ETFEE	10	0.997	0.003
URBAN	10	0.025	0.974	TP	10	0.089	0.911
ETFEE	20	0.991	0.093	ETFEE	20	0.997	0.003
URBAN	20	0.038	0.962	TP	20	0.105	0.895
ETFEE	30	0.990	0.010	ETFEE	30	0.997	0.003
URBAN	30	0.040	0.960	TP	30	0.106	0.893
变量	时期	ETFEE	IM	变量	时期	ETFEE	EX
ETFEE	10	0.972	0.028	ETFEE	10	0.908	0.09
IM	10	0.075	0.925	EX	10	0.060	0.940
ETFEE	20	0.971	0.029	ETFEE	20	0.907	0.093

续表

变量	时期	ETFEE	IM	变量	时期	ETFEE	EX
IM	20	0.077	0.923	EX	20	0.060	0.940
ETFEE	30	0.971	0.029	ETFEE	30	0.907	0.093
IM	30	0.077	0.923	EX	30	0.060	0.940

注：通过蒙特卡洛模拟500次获得冲击反应。

从表6-1区域工业全要素能源效率与其影响因素的面板VAR模型方差分解结果可以得出以下结论：

6.2.1 能源价格对区域工业全要素能源效率冲击效应贡献率分析

能源价格对区域工业全要素能源效率冲击效应的贡献率从第10个预测期的39.4%，上升到第20个预测期的43.8%，最后稳定在第30预测期的44.4%。长期来看，能源价格对区域工业全要素能源效率冲击效应贡献率稳定在44.4%，冲击效应明显。区域工业全要素能源效率自身的冲击效应贡献率变化不大，最后稳定在99.6%。

6.2.2 产业结构对区域工业全要素能源效率冲击效应贡献率分析

在整个30个预测期中，产业结构对区域工业全要素能源效率冲击效应的贡献率从第10个预测期的8.1%，上升到第20个预测期的8.5%，最后稳定在第30个预测期的8.5%。区域工业全要素能源效率自身的冲击效应贡献率从第10个预测期的95.5%，下降到第20

个预测期的95.4%,最后稳定在95.4%。长期来看,产业结构对区域工业全要素能源效率冲击效应贡献率稳定在8.1%,冲击效应明显。

6.2.3 能源消费结构对区域工业全要素能源效率冲击效应贡献率分析

在整个30个预测期中,能源消费结构对区域工业全要素能源效率冲击效应的贡献率从第10个预测期的2.96%,上升到第20个预测期的3.01%,最后稳定在第30个预测期的3.02%。区域工业全要素能源效率自身的冲击效应贡献率从第10个预测期的99.28%,下降到第20个预测期的99.03%,最后稳定在99.02%。长期来看,能源消费结构对区域工业全要素能源效率冲击效应贡献率稳定在3.02%,冲击效应不明显。

6.2.4 人均工业产值对区域工业全要素能源效率冲击效应贡献率分析

人均工业产值对区域工业全要素能源效率冲击效应的贡献率从第10个预测期的25.7%,下降到第20个预测期的25.0%,最后稳定在24.1%。区域工业全要素能源效率自身的冲击效应贡献率从第10个预测期的95.3%,下降到第20个预测期的93.7%,最后稳定在93.2%。长期来看,人均工业产值对区域工业全要素能源效率冲击效应贡献率接近24.1%,冲击效应明显。

6.2.5 产业结构调整对区域工业全要素能源效率冲击效应贡献率分析

产业结构调整对区域工业全要素能源效率冲击效应的贡献率从第 10 个预测期 67.9%,上升到第 20 个预测期的 68.13%,最后稳定在 68.13%。区域工业全要素能源效率自身的冲击效应贡献率从第 10 个预测期的 68.52%,下降到第 20 个预测期的 68.13%,最后稳定在 68.13%。长期来看,产业结构调整对区域工业全要素能源冲击效应贡献率为 68.13%,冲击效应明显。

6.2.6 外商直接投资对区域工业全要素能源效率冲击效应贡献率分析

外商直接投资对区域工业全要素能源效率冲击效应的贡献率从第 10 个预测期的 0.389%,上升到第 20 个预测期的 0.391%,最后稳定在 0.392%。区域工业全要素能源效率自身的冲击效应贡献率从第 10 个预测期的 99.10%,下降到第 20 个预测期的 98.89%,最后稳定在 98.87%。长期来看,外商直接投资对区域工业全要素能源冲击效应贡献率接近 0.392%,冲击效应不明显。

6.2.7 城市化率对区域工业全要素能源效率冲击效应贡献率分析

城市化率对区域工业全要素能源效率冲击效应的贡献率从第 10

个预测期的 2.55%，上升到第 20 个预测期的 3.80%，最后稳定在 4.00%。区域工业全要素能源效率自身的冲击效应贡献率从第 10 个预测期的 99.43%，下降到第 20 个预测期的 99.07%，最后稳定在 99.00%。长期来看，城市化率对区域工业全要素能源冲击效应贡献率接近 4.00%，冲击效应不明显。

6.2.8 技术进步对区域工业全要素能源效率冲击效应贡献率分析

技术进步对区域工业全要素能源效率冲击效应的贡献率从第 10 个预测期的 8.9%，上升到第 20 个预测期的 10.5%，最后稳定在 10.6%。区域工业全要素能源效率自身的冲击效应贡献率从第 10 个预测期的 99.69%，下降到第 20 个预测期的 99.68%，最后稳定在 99.67%。长期来看，技术进步对区域工业全要素能源冲击效应贡献率接近 10.6%。

6.2.9 贸易进口额对区域工业全要素能源效率冲击效应贡献率分析

贸易进口额对区域工业全要素能源效率冲击效应的贡献率从第 10 个预测期的 7.5%，上升到第 20 个预测期的 7.7%，最后稳定在 7.7%。区域工业全要素能源效率自身的冲击效应贡献率从第 10 个预测期的 97.2%，下降到第 20 个预测期的 97.1%，最后稳定在 97.1%。长期来看，贸易进口额对区域工业全要素能源冲击效应贡献率接近 7.7%。

6.2.10 贸易出口额对区域工业全要素能源效率冲击效应贡献率分析

贸易出口额对区域工业全要素能源效率冲击效应的贡献率从第10个预测期的5.99%，上升到第20个预测期的6.0%，最后稳定在6.0%。区域工业全要素能源效率自身的冲击效应贡献率从第10个预测期的90.77%，下降到第20个预测期90.73%，最后稳定在90.73%。长期来看，贸易出口额对区域工业全要素能源冲击效应贡献率接近6.0%。

总体来看，在对区域工业全要素能源效率冲击效应中，产业结构调整的贡献度最大，为68.13%；能源价格贡献率次之，为44.4%；人均工业产值贡献率为24.1%。技术进步为10.6%，产业结构为8.1%，贸易进口额为7.7%，贸易出口额为6.0%，冲击效应明显；城市化贡献率为4.0%，能源消费结构为3.02%，外商直接投资贡献率最小，为0.392%，冲击效应不明显。

6.3 影响因素变动对区域工业全要素能源效率的冲击效应分析

图6-1至图6-10分别反映了在90%置信区间内经过500次蒙特卡洛模拟得到的能源价格、产业结构、产业结构调整、经济发展水平、能源消费结构、技术进步、外商直接投资、城市化率、贸易

进口额、贸易出口额对区域工业全要素能源效率的冲击效应分析，影响因素的滞后期为2期。

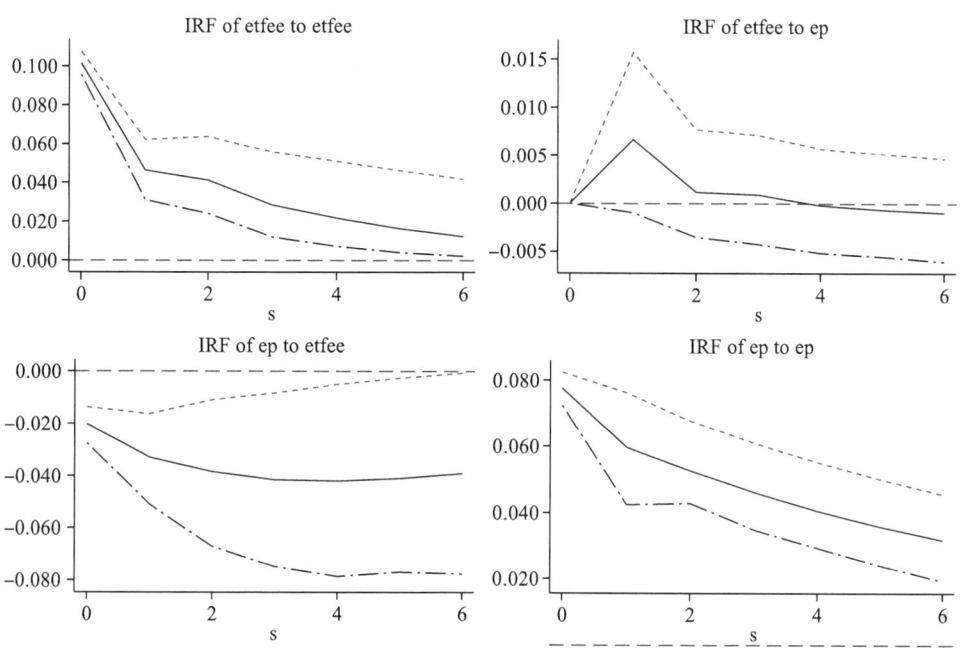

Errors are 5% on each side generated by Monte-Carlo with 500 reps

图 6-1　区域工业全要素能源效率与能源价格的面板脉冲响应

从图 6-1 区域工业全要素能源效率与能源价格的面板脉冲响应中可以看出，能源价格对工业全要素能源效率先产生正向冲击效应，后产生负向冲击效应。在滞后1期，能源价格对工业全要素能源效率的正向冲击值达到最大（0.0067），从滞后2期到滞后3期，能源价格对工业全要素能源效率的正向冲击速度放缓，趋近于0。从滞后4期开始，能源价格对工业全要素能源效率的冲击效应转为负向。随后能源价格对工业全要素能源效率的负向冲击效应有所增强，在滞后6期达到 -0.001。工业全要素能源效率对能源价格始终产生负向冲击效应。也就是说,随着工业全要素能源效率的提升,能源价格会降低。在滞后1期(-0.049)到4期(-0.078),工业全要素能源效率对能源价格的负向冲击明显,在滞后5期负向冲击达到峰值(-0.078),在滞后6期趋于平稳(-0.076)。

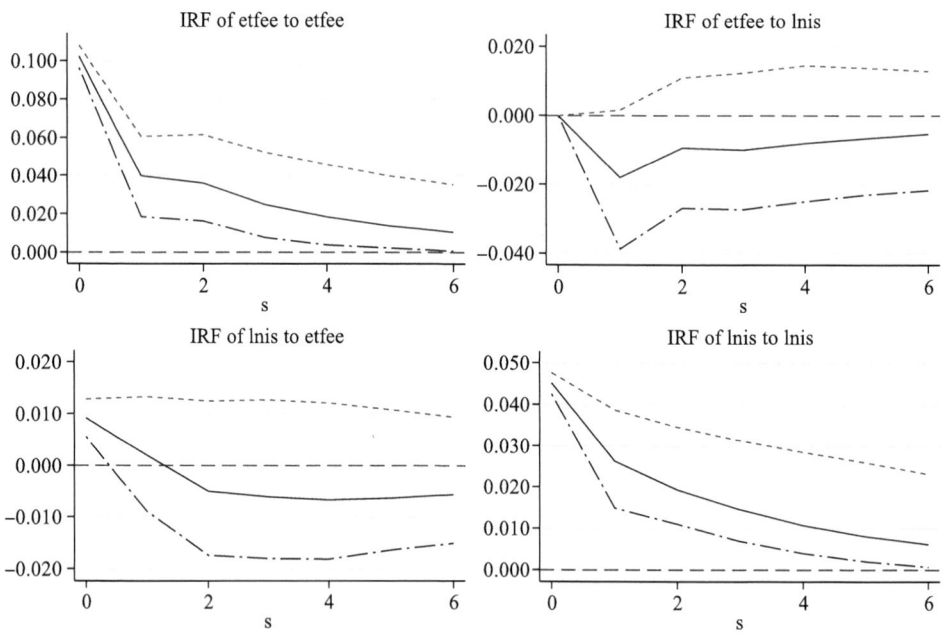

图6-2 区域工业全要素能源效率与产业结构的面板脉冲响应

从图6-2区域工业全要素能源效率与产业结构的面板脉冲响应中可以看到,产业结构对区域工业全要素能源效率始终产生负向冲击效应。也就是说,目前的产业结构调整仍然存在问题,现存的产业结构形态并不能提高区域工业全要素能源效率。在滞后1期,产业结构对区域工业全要素能源效率产生的负向冲击效应达到峰值(-0.0181)。从滞后2期到滞后6期,产业结构对区域工业全要素能源效率产生的负向冲击速度逐渐放缓，到滞后6期，产业结构对区域工业全要素能源效率产生的负向冲击效应值趋于平稳（-0.0054）。区域工业全要素能源效率对产业结构先产生正向冲击效应，后产生负向冲击效应。在滞后1期，区域工业全要素能源效率对产业结构的正向冲击效应达到最大（0.0020）。从滞后2期开始，区域工业全要素能源效率对产业结构的冲击效应由正变负，其负向冲击速度不断加快，最终在滞后6期趋于平稳（-0.0056）。由此可见，随着区域工业全要素能源效率的提升，第三产业在现存产业结构的比重会有所增加。当区域工业全要素能源效率提高到一定程度，第三产业比重的增速会有所放缓，紧接着有所减少，最后趋于平稳。

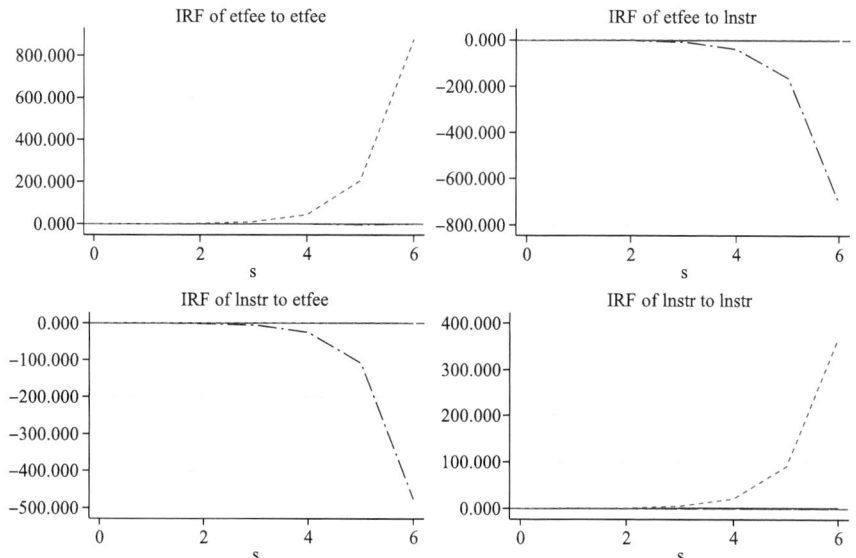

图 6-3 区域工业全要素能源效率与产业结构调整的面板脉冲响应

从图6-3区域工业全要素能源效率与产业结构调整的面板脉冲响应中可以看到，产业结构调整对区域工业全要素能源效率始终产生负向冲击效应。也就是说,随着第二产业与第三产业比值增加,工业全要素能源效率会随之降低。产业结构调整对区域工业全要素能源效率的负效应在滞后1期达到-0.0803,随后其冲击速度不断增加,在滞后6期达到-0.6687。区域工业全要素能源效率对产业结构调整也始终产生负向冲击效应。区域工业全要素能源效率对产业结构调整的负效应在滞后1期达到-0.1037,随后其负向冲击速度不断加大,最后在滞后6期稳定在-0.7467。

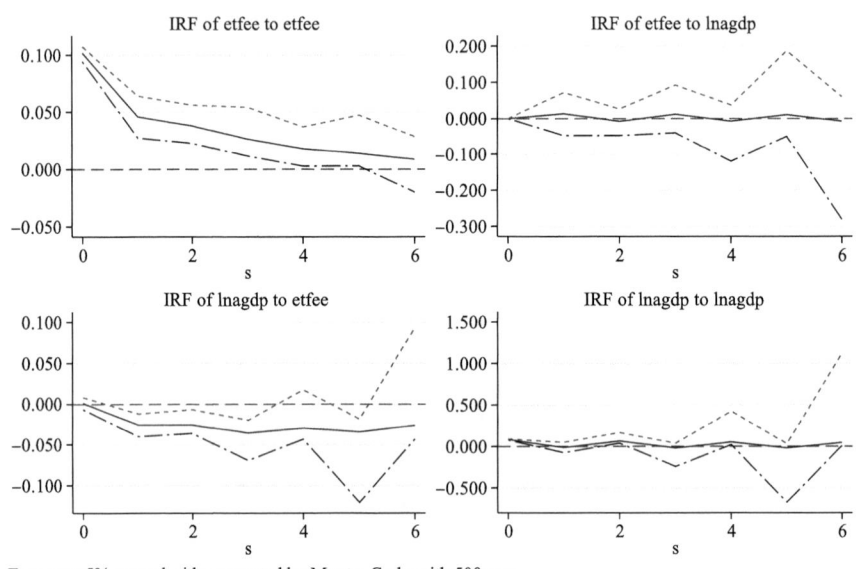

Errors are 5% on each side generated by Monte-Carlo with 500 reps

图6-4 区域工业全要素能源效率与人均工业产值的面板脉冲响应

从图6-4区域工业全要素能源效率与对人均工业产值的面板脉冲响应中可以看到,人均工业产值对区域工业全要素能源效率产生冲击效应始终围绕0,呈现出正负反复震荡的情况,冲击效应非常微弱。区域工业全要素能源效率对人均工业产值始终产生负向冲击效应。滞后1期,其负向冲击效应值为-0.0258。到滞后3期,其负向冲击效应达到峰值为 -0.0258。随后冲击速度呈震荡态势，最后在滞后6期稳定在 -0.0267。

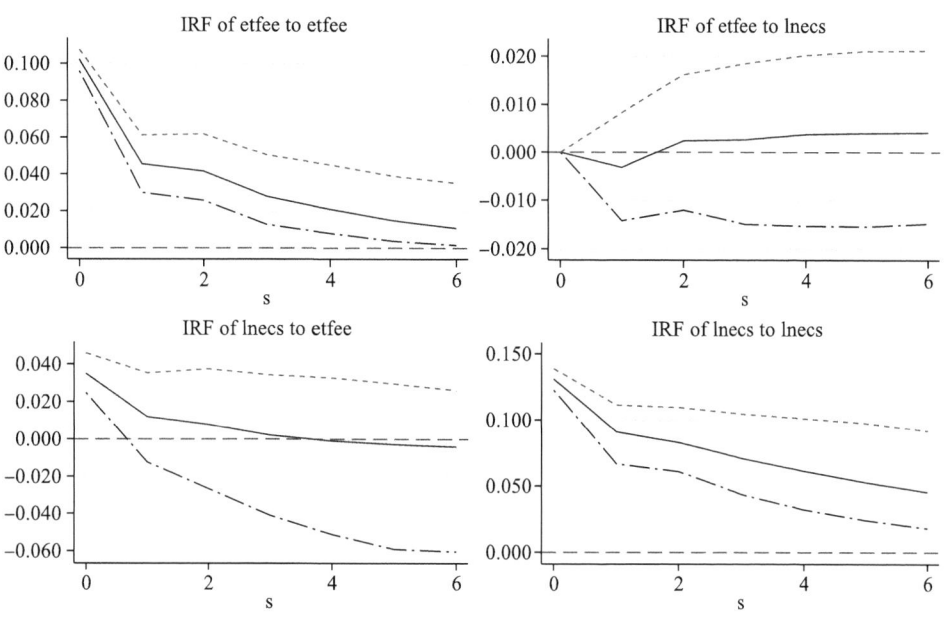

Errors are 5% on each side generated by Monte-Carlo with 500 reps

图6-5　区域工业全要素能源效率与能源消费结构的面板脉冲响应

从图6-5区域工业全要素能源效率与对能源消费结构的面板脉冲响应中可以看到，能源消费结构对区域工业全要素能源效率先产生负向冲击效应，后产生正向冲击效应。在滞后1期，能源消费结构对区域工业全要素能源效率的负向冲击效应达到峰值（-0.0031）。从滞后2期开始，能源消费结构对区域工业全要素能源效率产生正向冲击效应。随着对能源消费结构的冲击，区域工业全要素能源效率缓慢而平稳的提升，到滞后6期，冲击效应趋于稳定（0.0038）。能源消费结构对区域工业全要素能源效率的冲击效应很弱，这是由于工业能源消费中原煤比重过高导致的,而且这种能源消费结构局面在短期内很难改变。区域工业全要素能源效率对能源消费结构先产生正向冲击效应,后产生负向冲击效应。从滞后 1 期到滞后 3 期,区域工业全要素能源效率对能源消费结构的正向冲击效应不断减小,由 0.0117 减少到 0.0020。从滞后 4 期开始,区域工业全要素能源效率对能源消费结构的冲击效应由正变负。随着时间的推移,其负向冲击效应速度不断加快,在滞后 6 期稳定在 -0.001。

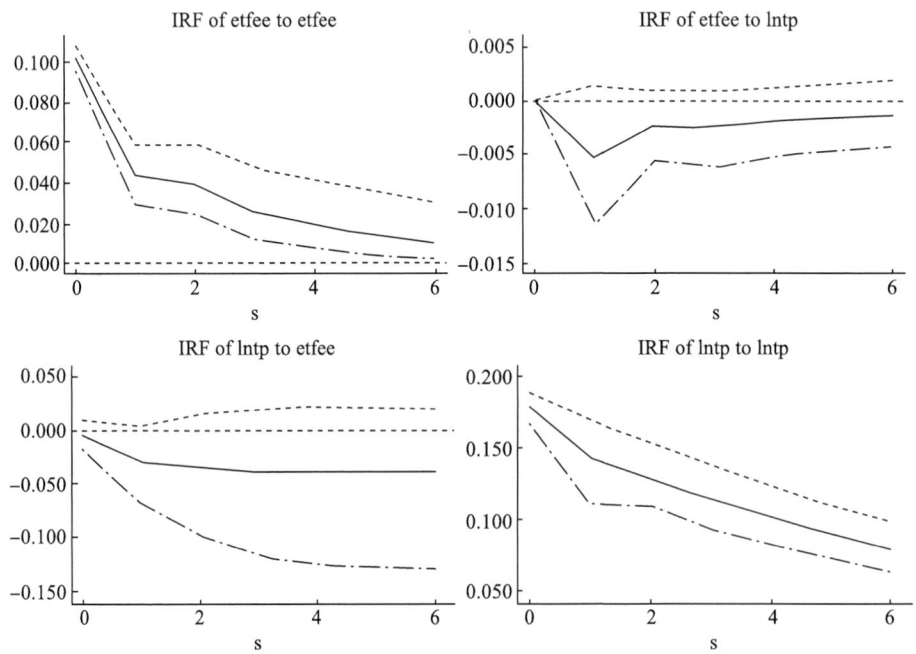

Errors are 5% on each side generated by Monte-Carlo with 500 reps

图 6-6 区域工业全要素能源效率与技术进步的面板脉冲响应

从图 6-6 区域工业全要素能源效率与技术进步的面板脉冲响应中可以看到,技术进步对区域工业全要素能源效率始终产生负向冲击效应。也就是说,在短期内随着技术进步的推进,工业全要素能源效率不会随之提高。技术进步对区域工业全要素能源效率的负效应在滞后1期达到-0.0052,随后其冲击速度不断增加,在滞后6期达到-0.0013。区域工业全要素能源效率对技术进步也是始终产生负向冲击效应。区域工业全要素能源效率对技术进步的负效应在滞后1期达到-0.0293,随后其负向冲击速度不断加大,最后在滞后6期稳定在-0.0380。

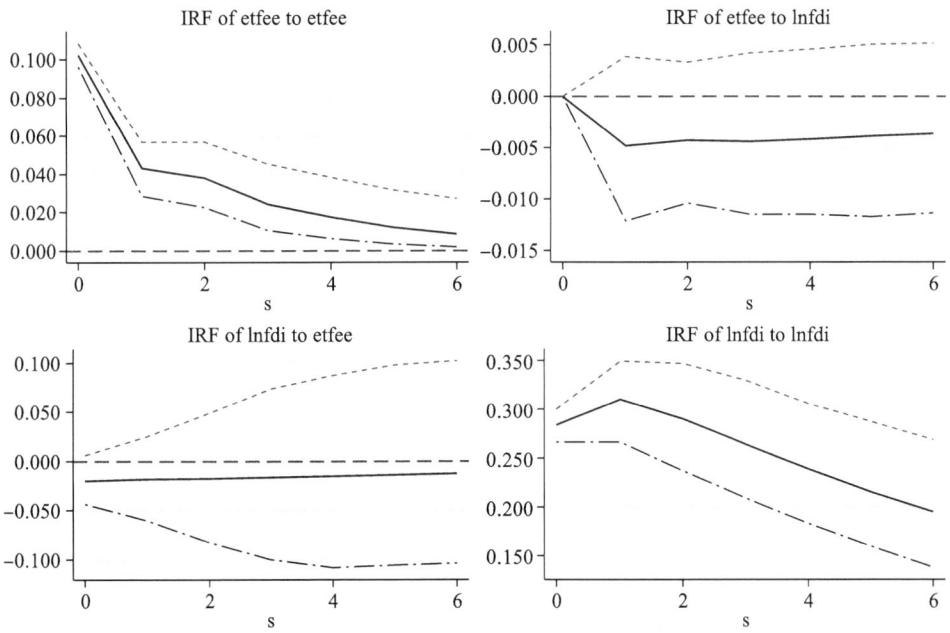

Errors are 5% on each side generated by Monte-Carlo with 500 reps

图6-7　区域工业全要素能源效率与外商直接投资的面板脉冲响应

从图6-7区域工业全要素能源效率与外商直接投资的面板脉冲响应中可以看到,外商直接投资对区域工业全要素能源效率始终产生负向冲击效应。也就是说,随着外商直接投资占工业产值比重的增加，工业全要素能源效率会随之降低。外商直接投资对区域工业全要素能源效率的负效应在滞后1期达到峰值(-0.0048)，随后其冲击速度不断减小，在滞后6期趋于平稳(-0.0036)。区域工业全要素能源效率对外商直接投资也始终产生负向冲击效应。区域工业全要素能源效率对外商直接投资的负效应在滞后1期达到峰值(-0.0181)，随后其冲击速度不断减小，最后在滞后6期稳定在-0.0122。

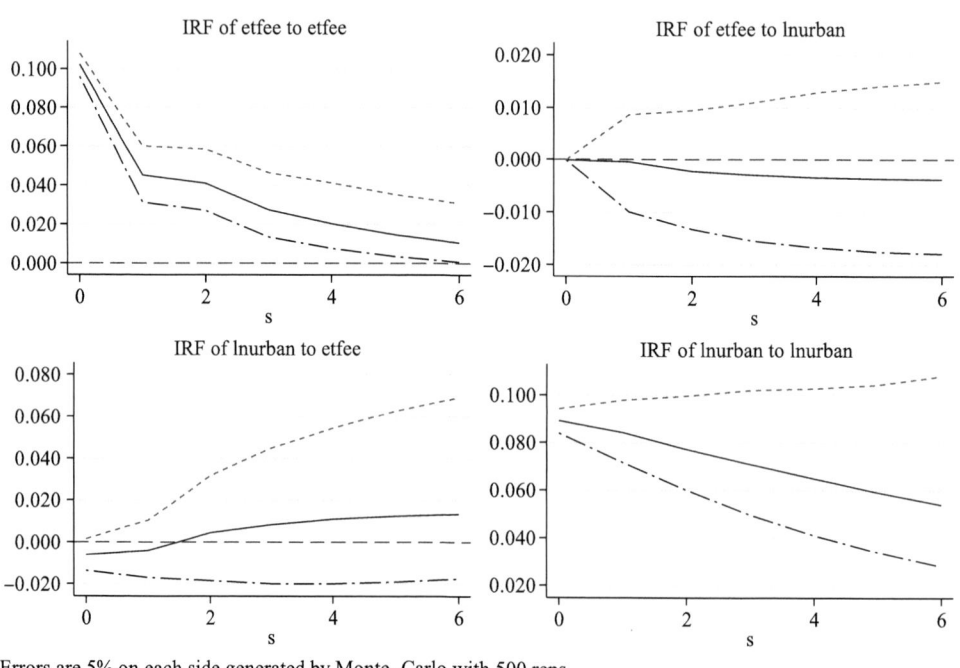

Errors are 5% on each side generated by Monte-Carlo with 500 reps

图6-8　区域工业全要素能源效率与城市化率的面板脉冲响应

从图6-8区域工业全要素能源效率与城市化率的面板脉冲响应中可以看到，城市化对区域工业全要素能源效率始终产生负向冲击效应。也就是说，随着城市化进程的推进，工业全要素能源效率会随之降低。城市化对区域工业全要素能源效率的负效应在滞后 1 期达到 -0.0004，随后其冲击速度不断增加，在滞后 6 期达到 -0.0037。区域工业全要素能源效率对城市化先产生负向冲击效应，后产生正向冲击效应。区域工业全要素能源效率对城市化的负效应在滞后 1 期达到 -0.0042，从滞后 2 期开始区域工业全要素能源效率对城市化的冲击速度为正（0.0044），随后其正向冲击速度不断加大，最后在滞后 6 期稳定在 0.0133。

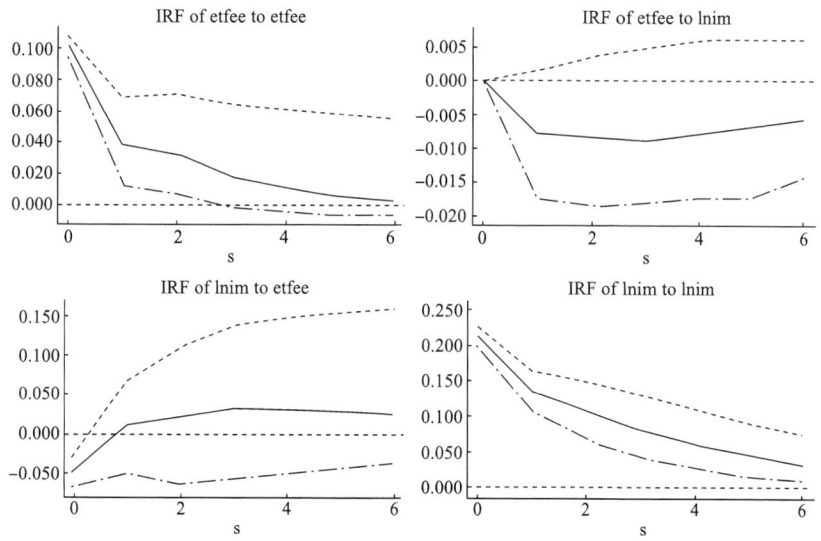

Errors are 5% on each side generated by Monte-Carlo with 500 reps

图 6-9　区域工业全要素能源效率与贸易进口额的面板脉冲响应

从图 6-9 区域工业全要素能源效率与贸易进口额的面板脉冲响应中可以看到，贸易进口额对区域工业全要素能源效率始终产生负向冲击效应。也就是说，随着贸易进口额的增加，工业全要素能源效率会降低。贸易进口额对区域工业全要素能源效率的负效应在滞后 1 期达到 -0.0078，随后其负向冲击速度不断增加，在滞后 4 期达到峰值（-0.0088），随后其负向冲击速度不断减小，在滞后 6 期达到 -0.0057。区域工业全要素能源效率对贸易进口额先产生负向的冲击效应，而后产生正向冲击效应。区域工业全要素能源效率对贸易进口额的冲击效应在滞后 1 期由负转正，随后其正向冲击速度不断加大，最后在滞后 6 期稳定在 0.0251。

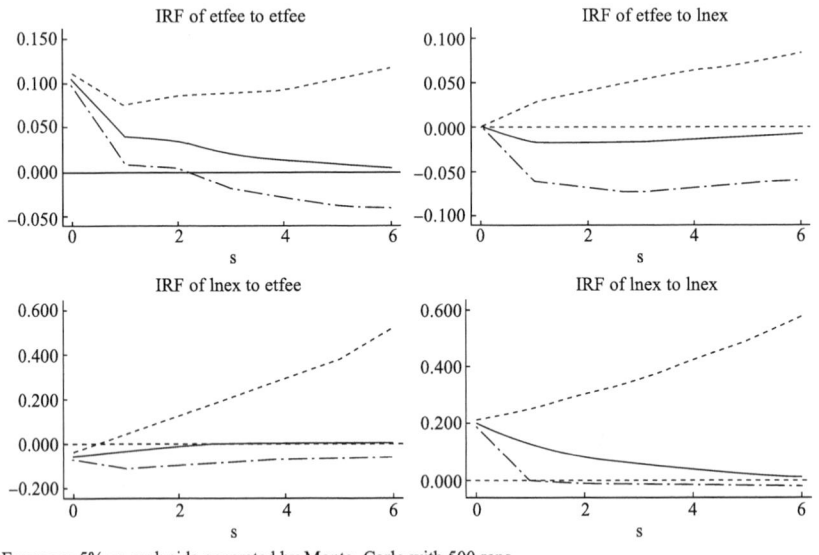

图 6-10　区域工业全要素能源效率与贸易出口额的面板脉冲响应

从图 6-10 区域工业全要素能源效率与贸易出口额的面板脉冲响应中可以看到，贸易进口额对区域工业全要素能源效率始终产生负向冲击效应。也就是说，随着贸易出口额的增加，工业全要素能源效率会降低。贸易进口额对区域工业全要素能源效率的负效应在滞后 1 期达到 -0.0177，随后其负向冲击速度不断增加，在滞后 6 期达

到 -0.0087。区域工业全要素能源效率对贸易出口额先产生负向的冲击效应，而后产生正向冲击效应。区域工业全要素能源效率对贸易进口额的冲击效应在滞后 2 期由负转正，随后其正向冲击速度不断加大，最后在滞后 6 期稳定在 0.002。

6.4 本章小结

通过面板 VAR 分析中国区域工业全要素能源效率影响因素动态关系，可以得出以下结论：

其一，在对区域工业全要素能源效率冲击效应中，产业结构调整的贡献度最大，为 68.13%；能源价格贡献率次之，为 44.4%；人均工业产值贡献率为 24.1%，技术进步为 10.6%，产业结构为 8.1%，贸易进口额为 7.7%，贸易出口额为 6.0%，冲击效应明显；城市化率贡献率为 4.0%，能源消费结构为 3.02%，外商直接投资贡献率最小，为 0.392%，冲击效应不明显。

其二，在对区域工业全要素能源效率冲击效应中，能源价格对工业全要素能源效率产生先正后负的冲击效应；能源消费结构对区域工业全要素能源效率产生先负后正的冲击效应；人均工业产值对区域工业全要素能源效率产生冲击效应始终围绕 0，呈现出正负反复震荡的情况，冲击效应非常微弱。外商直接投资、城市化率、产业结构、技术进步、产业结构调整、贸易进口额、出口额对区域工业全要素能源效率始终产生负向冲击效应。

第 7 章 结论与展望

7.1 主要结论

本书基于场景理论的基本思想,构建了宏观意义上的全要素能源效率理论分析框架,并利用中国 30 个省 1997~2012 年的面板数据,运用超效率 SBM-DEA 模型、收敛性分析、空间面板数据模型、脉冲效应函数等方法,分别研究了中国区域工业全要素能源效率与影响因素的关系,主要结论如下:

7.1.1 构建了基于场景理论的全要素能源效率理论框架

目前研究工业能源效率的理论主要有经济增长理论、全要素生产理论、经济收敛理论、环境经济理论。基于场景理论思想,分析了中国工业全要素能源效率场景理论包含的五个要素,并在主观认识和客观结构体系下,构建了区域工业能源效率场景理论的分析框架。

7.1.2 基于超效率 SBM – DEA 模型的中国工业全要素能源效率评价

将9种能源和二氧化碳排放纳入生产函数的投入产出分析中,基于包含二氧化碳排放的超效率 SBM – DEA 模型,测度了各区域的全要素能源效率及节能减排潜力。结果发现,不考虑二氧化碳排放的各区域工业全要素能源效率被高估。考虑二氧化碳排放后全要素能源效率在"九五""十五""十一五"三个时期是逐渐降低的。考虑二氧化碳排放后全要素能源效率按照由大到小的区域顺序依次是东部沿海区域、东北老工业基地、中部、西部。其中,东部沿海区域和东北老工业基地考虑二氧化碳排放后全要素能源效率均高于全国水平,中部和西部考虑二氧化碳排放后全要素能源效率均低于全国水平。

从可节约能源的规模和比重的大小来看,依次是西部区域、中部、东部和东北老工业基地。从节能潜力的大小来看,依次是西部区域、中部区域、东北老工业基地和东部区域。综合可节约能源比重和节能潜力大小来看,节能需要重点关注的省份是河北省、山西省、河南省和湖北省。

从四大经济区域的减排潜力的大小来看,依次是西部区域、中部区域、东北老工业基地和东部区域。从可减少的二氧化碳量占全国的比重大小来看,依次是西部区域、东部区域、中部区域和东北老工业基地。综合减排潜力和可减少二氧化碳排放量占全国比重来看，减排重点关注的省份是河北省，山西省和贵州省。

7.1.3 基于收敛分析模型的工业全要素能源效率区域差异分析

基于四种收敛分析模型检验了区域工业全要素能源效率的区域差异收敛性，结果发现，中国 30 个省份之间工业全要素能源效率差异较大，并且在四大经济区域间存在不同的收敛趋势和变化形态。从全国整体层面来看，工业能源效率不存在 σ 收敛。东部沿海区域呈现出 σ 收敛；东北老工业基地和西部呈现出发散态势；区域变异系数变化形态比较复杂，最终呈现出发散态势。中国东部地区、中部地区、西部地区还有东北所在的老工业基地四大地区都存在着一定的条件 β 收敛，中部区域属于俱乐部收敛。

7.1.4 基于空间面板数据模型的工业全要素能源效率影响因素分析

基于文献分析和因素分析，建立了包含能源价格、产业结构、产业结构调整、经济发展水平、能源消费结构、技术进步、外商直接投资、城市化率、贸易进口额、贸易出口额在内的影响因素体系。利用空间计量经济理论，构建了包含地区固定效应的区域工业能源效率空间面板滞后模型，分析了 10 个影响因素对区域工业能源效率的影响效应。研究结果显示，区域工业能源效率存在着明显的空间正相关，中国区域工业能源效率基准水平在地理空间上呈现东高西低的态势。能源价格、产业结构、外商直接投资、贸易出口额对能源效率具有负向影响；产业结构调整、人均 GDP、贸易进口额对能源效率具有正向影响；城市化率、能源消费结构、技术进步对能源效率的影响不显著。

7.1.5 运用面板 VAR 模型分析影响因素变动对区域工业能源效率的冲击效应

利用方差分解测算了 10 个影响因素对区域工业能源效率的冲击效应和贡献率。在对区域工业全要素能源效率冲击效应中，产业结构调整的贡献度最大，为 68.13%；能源价格贡献率次之，为 44.4%；人均工业产值贡献率为 24.1%，技术进步为 10.6%，产业结构为 8.1%，贸易进口额为 7.7%，贸易出口额为 6.0%，冲击效应明显；城市化率贡献率为 4.0%，能源消费结构 3.02%，外商直接投资贡献率最小，为 0.392%，冲击效应不明显。

在对区域工业全要素能源效率影响的脉冲响应中，能源价格会对全要素能源的效率先产生正向冲击效应，后产生负向冲击效应；能源消费结构对区域工业全要素能源效率先产生负向冲击效应，后产生正向冲击效应；人均工业产值对区域工业全要素能源效率产生冲击效应始终围绕零，呈现出正负反复震荡的情况，冲击效应非常微弱。外商直接投资、对外开放、城市化、产业结构、技术进步、产业结构调整、贸易进口额、贸易出口额对区域工业全要素能源效率始终产生负向冲击效应。

7.2 政策和建议

针对以上实证分析结果,为了能够有效提高区域工业能源效率,增强工业的可持续发展能力,需要政府给予支持,还需要学术界配合的相关理论研究与实证研究作为支撑点,本书的研究结论可以为提高能源效率、提高环境可持续发展能力、减缓气候变化灾害性提供决策参考,为政府制定提高能源效率的政策提供借鉴。具体政策建议如下:

7.2.1 深化能源市场改革,合理构建公平的能源价格体系

从理论上来说,能源价格对能源效率在短期和长期都具有正向推进作用。但是,能源价格对能源效率的作用会受到市场机制的影响,根据目前中国现实情况,政府较多地干预能源市场导致市场化程度低,能源的价格不能确切地反映市场的实际需求,无法合理配置到效率更高的生产中,导致能源价格对能源效率呈现出负影响。因此,政府必须逐步放开对能源相关产品的价格控制,建立的同时不断完善以市场为导向的价格机制,同时考虑环境成本的价格形成机制,合理构建公平竞争、开发有序、健康发展的能源价格体系,利用市场化机制优化能源资源配置。为节能减排提供激励。从短期来看,通过抬高能源价格从而提升要素间配置效率,从长远来看,可以通过增强对人力资源的资金投入来提升劳动生产率等方式,从

而实现能源技术的进步，并进一步有效提升中国能源利用效率。

7.2.2 不断加强区域之间的合作交流，适度采取因地制宜政策

本书实证研究表明，中国各省份的能源效率存在显著的空间正相关关系，即能源效率具有空间溢出效应。因此，在各个地区的经济发展过程中，政府要发布并实施相关政策，建立起高效、便捷的沟通平台，加强区域之间的经济联系和互动，加强产业分工和配套协作，促进区域间的技术转移。这样，各地区在提升自身能源效率的同时，有效发挥了能源效率的空间溢出效应，从而实现区域间的合作共赢，避免恶性竞争。

同时，区域间经济发展和能源消费不平衡、全要素工业能源效率基准水平不均衡的现实不容忽视。因此，政府在制定能源政策时，要全方位地把不同地区的实际情况考虑在内，采取适度的政策，因地制宜。例如，东部地区要继续利用好自身优越的政策和技术、人力资本等开放条件，积极引进国际能源、环境领域的最新技术，为提升中国能源效率和能源技术水平做出更大的贡献；中西部地区要有选择地进行产业承接，改善以煤炭消费为主的能源消费结构，大力发展清洁能源，制定更加有效的产业发展规划和能源消费政策。同时，政府可以促进东部地区较为先进的技术逐步引入西部地区，科学承接产业转移，引导生产要素合理流动，使西部地区的能源效率逐渐得到改善。

7.2.3 深入加强技术研发与专利申报，加快专利成果转化应用

从理论上说，技术进步依然是提高能源效率的有效途径，只是限于作用的滞后性和"回弹效应"的存在，可能在短期内作用不显著，但从长期来说，应该具有正向促进作用。因此，要加强能源技术的研发投入，提高企业自主创新能力，吸收国际先进技术，淘汰高耗能陈旧设备，加快研发和推广新型节能技术，鼓励创新成果申请专利，加快专利成果转化应用；同时，加大政府的资金投入和扶持力度，尤其是对基础性的研究要有相关政策法规的支持，积极推动工业企业的技术进步，加强自主创新能力，提高工业产品的技术含量及产品附加值，提升工业能源利用效率。除此以外，完善科研方面的基础设施建设，在进一步提高科研人员待遇，为其创造一个良好的科学技术研究环境的同时，做好人力资本的开发和利用。

7.2.4 加快实现产业结构的转移升级，减少资源环境压力

本书实证研究表明，产业结构（二产产值占 GDP 比重）对能源效率具有负影响，产业结构调整（二产产值与三产产值之比）对能源效率具有正影响，城市化率对能源效率的影响不显著。随着中国工业化和城市化进程的不断加快，在经济增长速度也日益加快的同时，也使得高能耗产业的比重不断增高，经济结构已经朝着能源密集型方向发展。这就要求政府要树立能源节约与环境意识，积极转变经济的增长方式，通过产业结构调整升级和轻型化，真正实现产

业结构的集约化转型,促进第二产业的技术升级和第三产业的大力发展对能源效率的提升作用。同时,对于重化工业要严格控制其重复建设,改变粗放型的经济增长方式,努力发展低碳经济,积极发展能源消耗少、环境污染少、能够带动就业的第三产业,这样不仅有利于减轻经济发展中的能源消耗、环境压力,而且有利于充分发挥比较优势,促进能源效率的提高。

7.2.5 大力引进外资和先进的技术,提高企业准入门槛

本书实证研究表明,外商直接投资对能源效率的负影响通过了显著性检验,但影响大小接近于零。因此,在引进外商直接投资过程中,必须提高企业准入门槛,强化技术引进,弱化设备引进,在吸引外商直接投资的基础上,积极主动学习国外先进的管理理念和高效率的生产技术,经过创新,结合中国的实际生产能力将其转为自身的生产能力,实现技术的溢出效应。此外,通过制定相应的环境保护、节能减排等规章制度,对生态环境会产生影响的环境密集型项目,必须设定严格准入制度,切勿以环境污染来换取短期的经济增长,同时防止成为国外投资者的"污染天堂"。

7.2.6 实施区域差异化的能源效率政策,坚持"先易后难"的原则

由于中国各区域处在不同的发展阶段,在经济发展水平上有较大差异,这就使不同地区在能源的利用效率上差距较大。相对于中部地区、西部地区,东部地区较高。这就要根据不同地区制定相应

的节能目标，避免"一刀切"政策，同时要综合考虑地区在节能方面的潜力和近期的节能规模，以"先易后难"为原则，优先治理节能减排潜力与规模较大的地区，以满足完成节能减排总目标为前提，实施节能减排地区目标分解。

7.2.7 有效布局财政的区域分布，实现要素的自由流动

中国之前一直通过引进国外的装备、先进技术来提高生产能力和生产水平，虽然部分区域工业能源效率已接近甚至超过了国际先进水平，但是由于国内多种原因导致规模效率低下，如市场分割严重、区域重复竞争、盲目投资等，这就出现了"微观"能效高、"宏观"能效低的尴尬局面。因此，在引进国外先进技术的同时，要注意财政分权比重的适度性，既要保持地区间合理竞争，又要科学布局，避免重复建设，打破消除区域壁垒，统筹规划，建立完善统一的市场，实现人力资源、资本等要素及产品在市场上的自由流动。

7.2.8 调整能源消费结构，实施清洁能源发展战略和可再生能源替代战略

受限于中国国内能源资源禀赋，以煤为主的能源消费结构并未出现大的波动，近期能源消费仍以煤为主。但是，从长远发展来看，迫于环境的压力和中国可持续发展的战略，要大力开发清洁能源、可再生能源以及新能源，实施绿色能源替代战略。

现代煤炭能源的清洁化是指以煤气化为基础来实现二氧化碳的减排目的。大力发展可再生能源，将再生能源作为生产生活的主要

能源，这是未来能源结构的必然要求和基本方向，可以减轻经济发展过程中对化石能源的过度依赖，要大力培养可再生能源人才队伍，同时要注重在引进技术过程中形成自己的核心技术。

7.3 展望

中国区域工业能源效率问题是一个复杂的系统问题，涉及众多的影响因素。针对不同的研究层次和研究目标，仍有大量问题需要深入研究。由于研究时间和数据可获性等诸多限制，在理论框架构建和实证分析中，还有一些内容有待在今后的研究中不断充实与完善：

其一，在对中国工业全要素能源效率评价的研究中，投入产出指标体系需要进一步补充和完善。受数据可获性限制，本书采用的中国工业投入产出指标均选择了实物量指标。劳动力指标中不仅应该包含就业人员数量，还应该体现工业就业人员的技术素质和受教育程度。非期望产出指标中，本书选取了二氧化碳，实际上化石燃料燃烧带来的环境污染物复杂多样，例如COD、SO_2、工业"三废"等多项污染排放物。如何把这些工业污染物连同二氧化碳作为共同的污染排放因子纳入非期望产出，有待进一步研究。

其二，改进DEA模型的距离函数，在节能减排潜力分析的基础上探讨环境规制成本问题。本书采用超效率SBM-DEA对工业全要素能源效率进行了测度和评价，并且根据投入产出的松弛量计算了区域工业的节能减排潜力。在现有模型基础上，对其方向距离函数进行改进，进一步核算环境规制成本，对节能减排路径分析做更加全面的探讨。

其三，对能源效率进行研究，要深入具体的工业行业，尤其是高耗能的工业行业更要重点关注，将工业行业能源效率的研究范围细化。由于数据的难得性，本书研究仅是将中国工业按照区域层面进行划分，缺少对工业行业的细分，若能对重点工业行业逐一进行细致的分析，挖掘各区域、各行业层面的工业节能潜力，就可以为科学合理和寻找各区域的节能途径、快速提升工业行业的整体能效水平、提出有效的工业节能减排政策提供更有价值的参考。

其四，在全要素能源效率影响因素的空间计量分析方面，进一步考虑时间滞后性和现有的节能减排政策带来的空间影响。将中国现有的节能减排政策定量化分析，纳入影响因素指标体系，构建空间动态面板计量模型，分别采用邻接空间权重矩阵、距离空间权重矩阵和经济空间权重矩阵估计影响因素对全要素能源效率的影响，对比分析三种权重下的空间溢出效应，为研究工业能源效率空间效应问题提供理论指导。

参考文献

[1] 安虎森,王雷雷,吴浩波. 中国环境库兹涅茨曲线的验证——基于省域数据的空间面板计量分析 [J]. 南京社会科学,2014(9): 1-8.

[2] 陈关聚. 中国制造业全要素能源效率及影响因素研究——基于面板数据的随机前沿分析 [J]. 中国软科学,2014 (1): 180-192.

[3] 陈玲,赵国春. 地方政府环境规制对全要素能源效率影响——基于新疆面板数据的实证研究 [J]. 干旱区资源与环境,2014(8): 7-13.

[4] 陈夕红,李长青,籍卉林等. 基于技术扩散的全社会能源效率空间条件收敛分析 [J]. 中国人口资源与环境,2013 (8): 7-13.

[5] 杜慧滨,王洋洋. 中国区域全要素二氧化碳排放绩效及收敛性分析 [J]. 系统工程学报,2013 (2): 256-264.

[6] 杜雯翠. 工业化视角下的能源效率、技术进步与空气质量——来自工业国与准工业国的比较 [J]. 软科学,2013 (12): 109-113.

[7] 范丹,王维国. 基于低碳经济的中国工业能源绩效及驱动

因素分析［J］.资源科学，2013（9）：1790 – 1800.

［8］范丹，王维国.中国区域全要素能源效率及节能减排潜力分析——基于非期望产出的 SBM 模型［J］.数学的实践与认识，2013（7）：12 – 21.

［9］范凤岩，雷崖邻.北京市能源效率评价及其影响因素分析［J］.科技管理研究，2014（24）：28 – 32.

［10］韩峰，冯萍，阳立高.中国城市的空间集聚效应与工业能源效率［J］.中国人口资源与环境，2014（5）：72 – 79.

［11］韩智勇，魏一鸣，范英.中国能源强度与经济结构变化特征研究［J］.数理统计与管理，2004，23（1）：1 – 6.

［12］胡鞍钢，郑京海，高宇宁，张宁，许海萍.考虑环境因素的省级技术效率排名（1999～2005）［J］.经济学（季刊），2008（3）：933 – 960.

［13］胡宗义，刘静，刘亦文.中国省际能源效率差异及其影响因素分析［J］.中国人口资源与环境，2011（7）：33 – 39.

［14］黄德春，董宇怡，张长征，刘炳胜.基于三阶段 DEA 模型中国区域能源效率研究［J］.资源与生态学报：英文版，2014（2）：97 – 104.

［15］姜磊，季民河.基于空间异质性的中国能源消费强度研究——资源禀赋、产业结构、技术进步和市场调节机制的视角［J］.产业经济研究，2011（4）：61 – 70.

［16］姜磊，季民河.中国技术进步对能源效率的影响——空间异质性视角［J］.技术经济，2011（11）：73 – 78.

［17］姜磊，刘婧.基于空间面板模型的中国市场化与能源效率研究［J］.广西财经学院学报，2013（2）：38 – 44.

[18] 蒋金荷. 中国碳排放特征及发展低碳经济的对策分析 [J]. 经济研究参考, 2011 (5): 6-14.

[19] 揭水晶, 何凌云. 内部能源价格相对指数对能耗的调节效应——基于技术效率变动视角的研究 [J]. 资源科学, 2014 (3): 520-529.

[20] 金春雨, 韩哲, 张浩博. 基于 Panel-VAR 模型的中国金融业发展与经济增长关联性的计量检验 [J]. 管理评论, 2013 (1): 16-23.

[21] 李春发, 谭洪玲, 王澜颖. 天津市工业行业全要素能源效率变动的影响因素分析 [J]. 中国人口资源与环境, 2012 (4): 156-162.

[22] 李科. 中国产业结构对全要素能源效率的阈值效应分析 [J]. 管理学报, 2013 (11): 1671-1680.

[23] 李兰冰. 中国全要素能源效率评价与解构——基于"管理—环境"双重视角 [J]. 中国工业经济, 2012 (6): 57-69.

[24] 李梦蕴, 谢建国, 张二震. 中国区域能源效率差异的收敛性分析——基于中国省区面板数据研究 [J]. 经济科学, 2014 (1): 23-38.

[25] 李世祥, 成金华. 中国工业行业的能源效率特征及其影响因素——基于非参数前沿的实证分析 [J]. 财经研究, 2009 (7): 134-143.

[26] 李世祥. 基于工业化视角的能源效率评价方法与实证研究 [J]. 中国人口资源与环境, 2010 (11): 12-18.

[27] 李治, 李国平. 城市能源效率分布特征影响因素研究——基于空间计量模型 [J]. 城市发展研究, 2010 (6): 22-26.

[28] 梁巧梅，魏一鸣，范英等．中国能源需求和能源强度预测的情景分析模型及其应用［J］．管理学报，2004（1）：62－66．

[29] 马海良，黄德春，姚惠泽．中国三大经济区域全要素能源效率研究——基于超效率 DEA 模型和 Malmquist 指数［J］．中国人口资源与环境，2011（11）：38－43．

[30] 孟凡生，李美莹．基于最优组合赋权法的中国能源效率评价及影响因素研究［J］．运筹与管理，2013（6）：153－160．

[31] 庞瑞芝，孙长悦，刘同乐．省际煤电油气全要素能源效率及其影响因素研究——基于随机边界模型的实证考察［J］．中国地质大学学报（社会科学版），2013（5）：25－32．

[32] 齐志新，陈文颖，吴宗鑫．工业轻重结构变化对能源消费的影响［J］．中国工业经济，2007（2）：35－42．

[33] 屈小娥，袁晓玲．中国地区能源强度差异及影响因素分析［J］．经济学家，2009（9）：68－74．

[34] 屈小娥．中国省际全要素能源效率变动分解——基于 Malmquist 指数的实证研究［J］．数量经济技术经济研究，2009（8）：29－43．

[35] 沈能，王群伟．考虑异质性技术的环境效率评价及空间效应［J］．管理工程学报，2015（1）：162－168．

[36] 沈能．能源投入、污染排放与中国能源经济效率的区域空间分布研究［J］．财贸经济，2010（1）：107－113．

[37] 沈雅梅．国际能源形势新变化和中国的机遇与挑战［J］．当代世界，2013（2）：60－63．

[38] 师博，沈坤荣．市场分割下的中国全要素能源效率：基于超效率 DEA 方法的经验分析［J］．世界经济，2008（9）：49－59．

[39] 孙广生,杨先明,黄袆. 中国工业行业的能源效率(1987～2005)——变化趋势、节能潜力与影响因素研究[J]. 中国软科学,2011(11):29-39.

[40] 孙庆刚,郭菊娥,师博. 中国省域间能源强度空间溢出效应分析[J]. 中国人口资源与环境,2013(11):137-143.

[41] 汪克亮,杨宝臣,杨力. 环境约束下的中国全要素能源效率测度及其收敛性[J]. 管理学报,2012(7):1071-1077.

[42] 王兵,吴延瑞,颜鹏飞. 中国区域环境效率与环境全要素生产率增长[J]. 经济研究,2010(5):95-109.

[43] 王玲,陈仲常,马大来. 节能减排、全要素能源生产率及行业异质性研究——基于中国制造业28个行业的实证分析[J]. 当代财经,2013(10):5-15.

[44] 王喜平,姜晔. 环境约束下中国能源效率地区差异研究[J]. 长江流域资源与环境,2013(11):1419-1425.

[45] 王雄,岳意定,刘贯春. 基于SFA模型的科技环境对中部地区能源效率的影响研究[J]. 经济地理,2013(5):37-42.

[46] 王玉燕,林汉川. 中国西部地区能源效率:趋同、节能潜力及其影响因素[J]. 经济问题探索,2013(4):38-44.

[47] 魏楚,杜立民,沈满洪. 中国能否实现节能减排目标:基于DEA方法的评价与模拟[J]. 世界经济,2010(3):141-160.

[48] 魏楚,沈满洪. 能源效率及其影响因素:基于DEA的实证分析[J]. 管理世界,2007(8):66-76.

[49] 魏楚,沈满洪. 能源效率与能源生产率:基于DEA方法的省际数据比较[J]. 数量经济技术经济研究,2007(9):110-121.

[50] 魏权龄. 评价相对有效性的DEA模型[C]. 中国系统工

程学会，第五届系统工程学会年会，中国安徽，1986-08. 北京市：学术期刊出版社，1986，422-429.

[51] 魏一鸣，廖华. 能源效率的七类测度指标及其测度方法 [J]. 中国软科学，2010（1）：128-137.

[52] 魏一鸣，廖华等. 中国能源报告（2010）：能源效率研究 [M]. 北京：科学出版社，2010.

[53] 吴迪. 基于场景理论的中国城市择居行为及房价空间差异问题研究 [M]. 北京：经济管理出版社，2013.

[54] 吴军. 城市社会学研究前沿：场景理论述评 [J]. 社会学评论，2014（2）：90-95.

[55] 吴琦，武春友. 中国能源效率关键影响因素的实证研究 [J]. 科研管理，2010（5）：164-171.

[56] 吴巧生，成金华. 中国能源消耗强度变动及因素分解：1980~2004 [J]. 经济理论与经济管理，2006（10）：34-40.

[57] 武春友，吴琦. 基于超效率DEA的能源效率评价模型研究 [J]. 管理学报，2009（11）：1460-1465.

[58] 杨冕，杨福霞，陈兴鹏. 中国能源效率影响因素研究——基于VEC模型的实证检验 [J]. 资源科学，2011（1）：163-168.

[59] 叶祥松，彭良燕. 中国环境规制下的规制效率与全要素生产率研究：1999~2008 [J]. 财贸经济，2011（2）：102-109.

[60] 袁晓玲，张宝山，杨万平. 基于环境污染的中国全要素能源效率研究 [J]. 中国工业经济，2009（2）：76-86.

[61] 曾贤刚. 中国能源效率、CO_2减排潜力及影响因素分析 [J]. 中国环境科学，2010（10）：1432-1440.

[62] 张兵兵. 碳排放约束下中国全要素能源效率及其影响因素

研究 [J]. 当代财经, 2014 (6): 15-21.

[63] 张军, 吴桂英, 张吉鹏. 中国省际物质资本存量估算: 1952~2000 [J]. 经济研究, 2004 (10): 35-44.

[64] 张三峰, 吉敏. 市场化能改善环境约束下的能源效率吗 [J]. 山西财经大学学报, 2014 (1): 65-75.

[65] 张伟, 吴文元. 基于 LMDI 的长三角都市圈工业能源强度变动的因素分解——对长三角都市圈 1996~2008 年工业部门数据的实证分析 [J]. 产业经济研究, 2011 (5): 69-78.

[66] 赵华平, 张所地. 城市宜居性特征对商品住宅价格的影响分析——基于中国 35 个大中城市静态和动态空间面板模型的实证研究 [J]. 数理统计与管理, 2013 (4): 706-717.

[67] 赵华平, 张所地. 矿业城市商品住宅价格影响因素研究 [J]. 中国土地学, 2014, 28 (7): 46-53.

[68] 周泽炯, 胡建辉. 基于 Super-SBM 模型的低碳经济发展绩效评价研究 [J]. 资源科学, 2013 (12): 2457-2466.

[69] Arabi B, Munisamy S, Emrouznejad A. A new slacks-based measure of Malmquist-Luenberger index in the presence of undesirable outputs [J]. Omega, 2015, 51: 29-37.

[70] Aranda-Usón A, Ferreira G, Mainar-Toledo M D, et al. Energy consumption analysis of Spanish food and drink, textile, chemical and non-metallic mineral products sectors [J]. Energy, 2012, 42 (1): 477-485.

[71] Azadeh A, Amalnick M S, Ghaderi S F, et al. An integrated DEA PCA numerical taxonomy approach for energy efficiency assessment and consumption optimization in energy intensive manufacturing sectors

[J]. Energy Policy, 2007, 35 (7): 3792 – 3806.

[72] Banker R D, Charnes A, Cooper W W. Some models for estimating technical and scale inefficiencies in data envelopment analysis [J]. Management science, 1984, 30 (9): 1078 – 1092.

[73] Barro R. J. and Sala – i – Martin X. "Convergence" [J]. Journal of Political Economy, 1992 (100): 223 – 251.

[74] Baumol W. J. Productivity Growth, Convergence, and Welfare: What the Long Run Data Show [J]. American Economic Review, 1986 (76): 1072 – 1085.

[75] Bi G, Song W, Zhou P, et al. Does environmental regulation affect energy efficiency in China's thermal power generation? Empirical evidence from a slacks – based DEA model [J]. Energy Policy, 2014, 66: 537 – 546.

[76] Boyd G A, Pang J X. Estimating the linkage between energy efficiency and productivity [J]. Energy policy, 2000, 28 (5): 289 – 296.

[77] Boyd G A. Estimating plant level energy efficiency with a stochastic frontier [J]. The Energy Journal, 2008: 23 – 43.

[78] Boyd G, Dutrow E, Tunnessen W. The evolution of the ENERGY STAR ® energy performance indicator for benchmarking industrial plant manufacturing energy use [J]. Journal of cleaner production, 2008, 16 (6): 709 – 715.

[79] Buck J, Young D. The potential for energy efficiency gains in the Canadian commercial building sector: a stochastic frontier study [J]. Energy, 2007, 32 (9): 1769 – 1780.

[80] Chang T, Hu J. Total – factor energy productivity growth,

technical progress, and efficiency change: An empirical study of China [J]. Applied Energy, 2010, 87 (10): 3262 - 3270.

[81] Chang Y, Zhang N, Danao D, et al. Environmental efficiency analysis of transportation system in China: A non - radial DEA approach [J]. Energy policy, 2013, 58: 277 - 283.

[82] Charnes A, Cooper W W, Rhodes E. Measuring the efficiency of decision making units [J]. European journal of operational research, 1978, 2 (6): 429 - 444.

[83] Chen S, Golley J. "Green" productivity growth in China's industrial economy [J]. Energy Economics, 2014, 44: 89 - 98.

[84] Clark, Terry. The City as an Entertainment Machine [J]. Jai/Elsevier, 2010: 98 - 99.

[85] Cooper W W, Seiford L M, Tone K. Data envelopment analysis: A comprehensive text with models, applications, references and DEA - Solver Software [M]. Springer, 2000.

[86] Färe R, Grosskopf S, Hernandez - Sancho F. Environmental performance: an index number approach [J]. Resource and Energy economics, 2004, 26 (4): 343 - 352.

[87] Färe R, Grosskopf S, Norris M, et al. Productivity growth, technical progress, and efficiency change in industrialized countries [J]. The American economic review, 1994: 66 - 83.

[88] Färe R, Grosskopf S, Pasurka Jr C A. Environmental production functions and environmental directional distance functions [J]. Energy, 2007, 32 (7): 1055 - 1066.

[89] Farrell M J. The measurement of productive efficiency [J]. Jour-

nal of the Royal Statistical Society. Series A (General), 1957: 253 – 290.

[90] Feijoó M L, Franco J F, Hernändez J M. Global warming and the energy efficiency of Spanish industry [J]. Energy Economics, 2002, 24 (4): 405 – 423.

[91] Filippini M, Hunt L C. US residential energy demand and energy efficiency: A stochastic demand frontier approach [J]. Energy economics, 2012, 34 (5): 1484 – 1491.

[92] Freeman S L, Niefer M J, Roop J M. Measuring industrial energy intensity: practical issues and problems [J]. Energy policy, 1997, 25 (7): 703 – 714.

[93] Garbaccio R F, Ho M S, Jorgenson D W. Why has the energy – output ratio fallen in China? [J]. The Energy Journal, 1999: 63 – 91.

[94] Ghali KH, El – Sakka M I. Energy use and output growth in Canada: a multivariate cointegration analysis [J]. Energy Economics, 2004, 26 (2): 225 – 238.

[95] Hernändez – Sancho F, Molinos – Senante M, Sala – Garrido R. Energy efficiency in Spanish wastewater treatment plants: A non – radial DEA approach [J]. Science of the Total Environment, 2011, 409 (14): 2693 – 2699.

[96] Holtz – Eakin D, Newey W, Rosen H S. Estimating vector autoregressions with panel data [J]. Econometrica: Journal of the Econometric Society, 1988: 1371 – 1395.

[97] Honma S, Hu J. Industry – level total – factor energy efficiency in developed countries: A Japan – centered analysis [J]. Applied Energy, 2014, 119: 67 – 78.

[98] Hu J, Kao C. Efficient energy – saving targets for APEC economics [J]. Energy Policy, 2007, 35 (1): 373 – 382.

[99] Hu J, Wang S. Total – factor energy efficiency of regions in China [J]. Energy Policy, 2006, 34 (17): 3206 – 3217.

[100] Huang J. Industry energy use and structural change: a case study of the People's Republic of China [J]. Energy Economics, 1993, 15 (2): 131 – 136.

[101] Jenne C A, Cattell R K. Structural change and energy efficiency in industry [J]. Energy Economics, 1983, 5 (2): 114 – 123.

[102] Kambara T. The energy situation in China [J]. The China Quarterly, 1992, 131: 608 – 636.

[103] Khoshnevisan B, Rafiee S, Omid M, et al. Reduction of CO_2 emission by improving energy use efficiency of greenhouse cucumber production using DEA approach [J]. Energy, 2013, 55: 676 – 682.

[104] Li L, Hu J. Ecological total – factor energy efficiency of regions in China [J]. Energy Policy, 2012, 46: 216 – 224.

[105] Lin B, Yang L. The potential estimation and factor analysis of China's energy conservation on thermal power industry [J]. Energy Policy, 2013, 62: 354 – 362.

[106] Lin B, Du K. Technology gap and China's regional energy efficiency: A parametric metafrontier approach [J]. Energy Economics, 2013, 40: 529 – 536.

[107] Lin B, Wang X. Exploring energy efficiency in China's iron and steel industry: A stochastic frontier approach [J]. Energy Policy, 2014, 72: 87 – 96.

[108] Lin X, Polenske K R. Input – output anatomy of China's energy use changes in the 1980s [J]. Economic Systems Research, 1995, 7 (1): 67 –84.

[109] Olanrewaju O A, Jimoh A A, Kholopane P A. Integrated IDA – ANN – DEA for assessment and optimization of energy consumption in industrial sectors [J]. Energy, 2012, 46 (1): 629 –635.

[110] Patterson M G. What is energy efficiency? [J]. Energy Policy, 1996, 24 (5): 377 –390.

[111] Proskuryakova L, Kovalev A. Measuring energy efficiency: Is energy intensity a good evidence base? [J]. Applied Energy, 2015, 138: 450 –459.

[112] Shi D, Wu L X, Fu X X, et al. Chinese energy efficiency regional difference and its determinants – based on the variance decomposition of stochastic frontier production function [J]. Manage. World, 2008, 2: 35 –43.

[113] Shi G, Bi J, Wang J. Chinese regional industrial energy efficiency evaluation based on a DEA model of fixing non – energy inputs [J]. Energy Policy, 2010, 38 (10): 6172 –6179.

[114] Sinton J E, Levine M D. Changing energy intensity in Chinese industry: The relatively importance of structural shift and intensity change [J]. Energy Policy, 1994, 22 (3): 239 –255.

[115] Sueyoshi T, Goto M. Efficiency – based rank assessment for electric power industry: a combined use of data envelopment analysis (DEA) and DEA – discriminant analysis (DA) [J]. Energy Economics, 2012, 34 (3): 634 –644.

[116] Tone K. A slacks – based measure of efficiency in data envelopment analysis [J]. European journal of operational research, 2001, 130 (3): 498 – 509.

[117] Tone K. A strange case of the cost and allocative efficiencies in DEA [J]. Journal of the Operational Research Society, 2002: 1225 – 1231.

[118] Wang K, Wei Y. China's regional industrial energy efficiency and carbon emissions abatement costs [J]. Applied Energy, 2014.

[119] Wang Z, Zeng H, Wei Y, et al. Regional total factor energy efficiency: An empirical analysis of industrial sector in China [J]. Applied Energy, 2012, 97: 115 – 123.

[120] Wilson B, Trieu L H, Bowen B. Energy efficiency trends in Australia [J]. Energy Policy, 1994, 22 (4): 287 – 295.

[121] Xiaoli Z, Rui Y, Qian M. China's total factor energy efficiency of provincial industrial sectors [J]. Energy, 2014, 65: 52 – 61.

[122] Yu H. The influential factors of China's regional energy intensity and its spatial linkages: 1988 – 2007 [J]. Energy Policy, 2012, 45: 583 – 593.

[123] Zhang Z. Why did the energy intensity fall in China's industrial sector in the 1990s? The relative importance of structural change and intensity change [J]. Energy Economics, 2003, 25 (6): 625 – 638.

[124] Zhou P, Ang B W, Zhou D Q. Measuring economy – wide energy efficiency performance: a parametric frontier approach [J]. Applied Energy, 2012, 90 (1): 196 – 200.